ARD-Ratgeber Recht

Herausgeber: Dr. Frank Bräutigam

ELTERNUNTERHALT

Kinder haften für ihre Eltern

SWR verbraucherzentrale

Eine Produktion des Südwestrundfunks in Zusammenarbeit
mit den Verbraucherzentralen

Werden die Eltern im Alter pflegebedürftig, reichen ihre Einkünfte und ihr Vermögen häufig nicht aus, um die laufenden Kosten zu decken. Dann sind ihre nächsten Angehörigen finanziell gefordert. Unter welchen Voraussetzungen Kinder für den Unterhalt ihrer Eltern einstehen müssen, ist Thema dieses Ratgebers. Anhand eines Fallbeispiels werden die wichtigsten Fragen im Zusammenhang mit dem Elternunterhalt beantwortet und durch konkrete Rechenbeispiele nachvollziehbar dargestellt. Der Schwerpunkt liegt dabei auf der Ermittlung der Leistungsfähigkeit des Kindes, das meist schon durch Unterhaltsverpflichtungen gegenüber seiner eigenen Familie stark belastet ist und an die eigene Altersvorsorge denken muss. Tipps im Umgang mit dem Sozialamt ergänzen die Ausführungen.

Rechtsanwalt **Günther Dingeldein** ist Fachanwalt für Arbeitsrecht, Familienrecht und Erbrecht. Rechtsanwalt **Martin Wahlers** ist Fachanwalt für Familienrecht, Erbrecht und Versicherungsrecht.

Günther Dingeldein, Martin Wahlers

ELTERNUNTERHALT

Kinder haften für ihre Eltern

Rechtslage

Rechtsprechung, Urteil

Wichtig

Beispiel

Vorsicht, Risiko!

Tipp, Ratschlag

Musterbrief, Vorlage

Checkliste

Bibliografische Information der Deutschen Bibliothek
Die Deutsche Bibliothek verzeichnet diese Publikation in der Deutschen Nationalbibliografie; detaillierte bibliografische Daten sind im Internet über http://dnb.ddb.de abrufbar.

3. Auflage 2014, aktualisiert und überarbeitet

Printed in Germany auf 100 Prozent Recyclingpapier.
ISBN 978-3-86336-619-3

VORWORT

Den Begriff des »demografischen Wandels« muss man heute kaum noch jemandem erklären. In Kürze: Die Bevölkerung der Bundesrepublik wird bis 2030 von jetzt noch rund 80 Millionen auf 77 Millionen sinken. Im Jahr 2030 wird die Zahl der Kinder und Jugendlichen gegenüber 2005 um ein Viertel gesunken sein, die Zahl der 20- bis 65-Jährigen, also die der Erwerbsfähigen, um ca. 15 %. Die Zahl der über 65-Jährigen wird bis dahin hingegen um ca. 40 % von etwa 16 Millionen auf über 22 Millionen steigen.

Auch wenn in der Werbung immer wieder das Bild des »fitten Seniors« bemüht wird: Wer älter wird, wird dadurch nicht eben gesünder. Etwa zwei Millionen Menschen in Deutschland sind schon jetzt pflegebedürftig und die Zahl wird sicherlich proportional zur Entwicklung der Alterspyramide weiter ansteigen. Die Kosten für die Pflege zu Hause oder im Altersheim können durch Vermögen, Rente und Pflegegeld allein oft nicht gedeckt werden. Es stellt sich dann die Frage, wer für die Unterdeckung aufkommen muss.

Hier sind die Angehörigen des Pflegebedürftigen gefragt. Sie müssen nicht nur die schwierige Entscheidung treffen, ob sie die Pflege selbst übernehmen können und wollen, sondern auch nach unterhaltsrechtlichen Regeln für deren Kosten einstehen. Nur wenn der Hilfebedürftige und seine Familie selbst nicht in der Lage sind, das nötige Geld aufzubringen oder wenn Eile geboten ist, springt der Sozialstaat ein. Dieser will und soll aber nur Auffangnetz sein: Streckt er etwa die Kosten für den Pflegeheimaufenthalt vor, versucht er, diese anschließend bei den eigentlich verpflichteten Personen einzutreiben. Je klammer die Staatskassen angesichts wirtschaftlicher Probleme, der Staatsverschuldung, der Alterung des Gesellschaft und der Arbeitslosigkeit sind und in Zukunft noch werden, desto entschiedener geht der Staat bei seinem Regress vor.

Wenn die Kinder der Pflegebedürftigen kritisch hinterfragen, ob sie wirklich für den Unterhalt der Eltern aufkommen müssen, sollte man das nicht verurteilen. Sie werden nämlich häufig dann mit der Frage des Elternunterhalts konfrontiert, wenn sie noch eigene Kinder zu versorgen haben, gerade wieder ins Berufsleben einsteigen und ernsthaft für ihr eigenes Alter und die eigene Pflegebedürftigkeit vorsorgen müssen. Die Nöte der sog. Sandwichgeneration sind in aller Munde und beschäftigen im Zusammenhang mit dem Elternunterhalt auch zunehmend die Gerichte.

Dieses Buch soll Ihnen dabei helfen, die Grundlagen des Elternunterhaltsrechts zu verstehen und Ihnen die Auseinandersetzung mit dem Sozialhilfeträger erleichtern. Spätestens dann aber, wenn das Sozialamt eine Entscheidung trifft, mit der Sie nicht einverstanden sind, und es sich auch nicht durch logisches Argumentieren von Ihrer Auffassung überzeugen lässt, sollten Sie dringend die Hilfe einer im Familienrecht spezialisierten Anwältin oder eines Anwalts in Anspruch nehmen. Wer versucht, selbst aus dem Gesetz oder mithilfe von Leitsätzen und Urteilen zu argumentieren, begibt sich schnell aufs Glatteis und schadet seinem Anliegen unter Umständen mehr als ihm zu nützen. Wir haben uns bei der Angabe von Urteilen daher auf wenige besonders wichtige und auch für den Laien »verwertbare« Entscheidungen beschränkt.

Günther Dingeldein
Martin Wahlers
Bickenbach, im Dezember 2013

INHALT

01 GRUNDLAGEN DES ELTERNUNTERHALTSRECHTS

02 DER BEDARF DER ELTERN

04 DIE LEISTUNGSFÄHIGKEIT DES KINDES

05 VERFAHRENSFRAGEN

06 ANHANG

ABKÜRZUNGEN

Abs.	Absatz
abzgl.	abzüglich
AG	Amtsgericht
Az.	Aktenzeichen
BAföG	(Leistungen nach dem) Bundesausbildungsförderungsgesetz
BEEG	Gesetz zum Elterngeld und zur Elternzeit
BGB	Bürgerliches Gesetzbuch
BGH	Bundesgerichtshof
BVerwGE	Entscheidungen des Bundesverwaltungsgerichts
bzw.	beziehungsweise
ca.	circa (ungefähr, etwa)
EStG	Einkommensteuergesetz
etc.	et cetera (und so weiter)
f.	folgender (Paragraf)
ff.	folgende (Paragrafen oder Sätze)
gem.	gemäß
GG	Grundgesetz
ggf.	gegebenenfalls
Nr.	Nummer(n)
o. ä.	oder ähnliche(s)
OLG	Oberlandesgericht
S.	Seite
SGB II	Sozialgesetzbuch, 2. Buch (Grundsicherung für Arbeitsuchende)
SGB XI	Sozialgesetzbuch, 11. Buch (Soziale Pflegeversicherung)
SGB XII	Sozialgesetzbuch, 12. Buch (Sozialhilfe)
sog.	sogenannte(s)
StGB	Strafgesetzbuch
SüdL	Unterhaltsrechtliche Leitlinien der Familiensenate in Süddeutschland
u. a.	unter anderem
u. U.	unter Umständen
vgl.	vergleiche
z. B.	zum Beispiel

GRUNDLAGEN DES ELTERN-UNTERHALTSRECHTS

01

Der Anspruch auf Elternunterhalt wird in der Praxis nahezu ausschließlich von den Sozialhilfeträgern geltend gemacht und durchgesetzt. Der Sozialstaat springt zunächst ein, um die Pflege der Eltern sicherzustellen. Seine Aufwendungen verlangt er dann nach den familienrechtlichen Vorschriften von den unterhaltsverpflichteten Ehegatten und Kindern zurück.

EINFÜHRUNG

Einführungsfall

Das Ehepaar Meier ist seit 1970 verheiratet. Herr Meier ist heute 70 Jahre alt, seine Ehefrau 65 Jahre. Ihre eigenen Eltern sind jeweils seit vielen Jahren tot. Sie haben zwei Töchter, Karin und Heidrun. Karin (40) ist mit Uwe verheiratet. Sie haben eine 16-jährige Tochter, Christiane. Christiane geht noch zur Schule und möchte nach dem Abitur studieren. Heidrun ist nicht verheiratet.

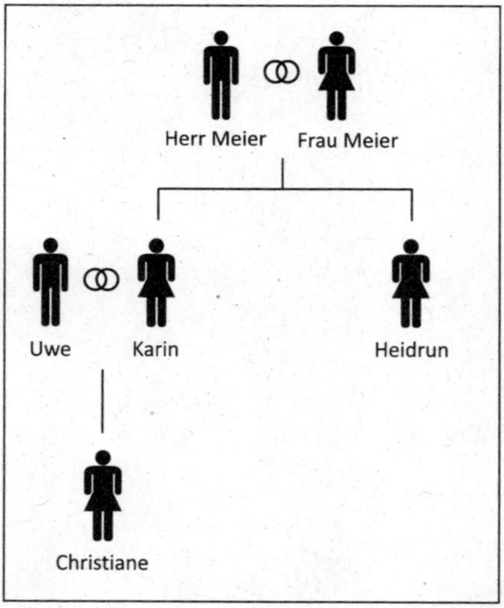

Herrn Meier geht es seit einiger Zeit schlechter. Er baut körperlich ab und kann sich Dinge nicht mehr so gut merken. Derzeit kümmert sich Frau Meier noch um alles. Es ist aber absehbar, dass sie früher oder später die Pflege nicht mehr allein bewältigen kann. Wenn sie sich Hilfe ins Haus holen muss, wird das mit erheblichen Kosten verbunden sein. Pflegegeld und Rente werden möglicherweise nicht ausreichen, um diese zu finanzieren. Auch kann es sein, dass ihr Mann eines Tages ins Pflegeheim umziehen muss. Davor fürchtet sich Frau Meier besonders, denn sie und ihr Mann hängen sehr an ihrem gemeinsamen Haus, in dem sie nun schon seit vielen Jahren leben. Auch werden die Kosten dann noch mal erheblich steigen und Frau Meier möchte auf keinen Fall von staatlicher Unterstützung abhängig sein.

Herr und Frau Meier hatten Karin nach dem Ende ihrer Schulausbildung einen teuren Auslandsaufenthalt ermöglicht. Vor neun Jahren haben sie Heidrun zum Ausgleich dafür ein Grundstück geschenkt. Darauf hat diese sich ein Haus gebaut, in dem sie jetzt wohnt. Erst vor kurzem haben die Meiers ihrer Enkelin Christiane einen Motorradführerschein finanziert.

In diesem einfachen Fall sind viele Probleme des Elternunterhaltsrechts angelegt:

- Muss Frau Meier für den Unterhalt ihres Mannes aufkommen? Was ist, wenn sie selbst pflegebedürftig wird? Muss vielleicht sogar das Haus verkauft werden, wenn die Pflege zu teuer werden sollte?
- Wann und in welchem Umfang haften ihre Töchter? Herr und Frau Meier möchten ihren Kindern nicht zur Last fallen, zumal diese auch schon an die eigene Altersvorsorge denken müssen. Außerdem muss Christiane während ihrer Schulausbildung und ihres Studiums unterstützt werden.
- Welche Rolle spielen Geschenke, die Frau Meier und ihr Mann ihren Töchtern in der Vergangenheit gemacht haben? Sie fürchten insbesondere, dass es hierüber zwischen Heidrun und Karin zum Streit kommen könnte.
- Muss Uwe, der Schwiegersohn, einspringen, wenn am Ende Kosten ungedeckt sind? Oder haftet gar ihre Enkelin Christiane für den Unterhalt?

In sehr vielen Fällen übernehmen die Kinder die Verantwortung und regeln die Pflege der Eltern unter sich. Oder die Eltern sorgen langfristig vor und treffen Vorkehrungen für den Fall der Fälle, etwa indem sie ihr Haus veräußern und sich in Einrichtungen für altengerechtes Wohnen „einkaufen". Dennoch wird häufig auf die eine oder andere Art vom Sozialamt geklärt, wer für den Unterhalt eines Pflegebedürftigen aufkommen muss. Was genau haben Unterhaltspflichtige hier zu erwarten?

Da die Frage nach dem Sozialamt für viele die wichtigste ist, werden wir auf sie zuerst eingehen und uns dann mit den Grundlagen des Elternunterhalts auseinandersetzen. Auf unseren Einführungsfall werden wir immer wieder zurückkommen, um Ihnen einige der zahlreichen rechtlichen Probleme anschaulich darstellen zu können.

ZUM VERHÄLTNIS VON UNTERHALT UND SOZIALHILFE

Einführungsfall

Herr Meier ist immer mehr auf fremde Hilfe angewiesen. Frau Meier schafft es nicht mehr, ihn aus eigener Kraft gut zu versorgen. Zunächst kommt ein Pflegedienst ins Haus, der ihnen eine große Hilfe ist. Doch der Gesundheitszustand von Herrn Meier verschlechtert sich so sehr, dass die Leiterin des Pflegedienstes Frau Meier eines Tages eröffnet, dass eine vernünftige Pflege zu Hause bald nicht mehr möglich bzw. nur noch mit erheblichem finanziellem Aufwand zu realisieren sei. Sie solle sich überlegen, ob es nicht sinnvoller wäre, ihren Mann in ein Heim zu geben. Auch der Hausarzt empfiehlt ihr dringend, ihren Mann stationär pflegen lassen. Sie müsse auch an sich selbst denken und die Hilfe annehmen, die der Staat in solchen Situationen anbiete. Frau Meier weiß, worauf er anspielt: In den letzten Jahren hat die Pflege von Herrn Meier viel Geld verschlungen, ihre Ersparnisse sind fast aufgebraucht. Ohne staatliche Hilfe wird es kaum möglich sein, einen Heimaufenthalt zu finanzieren. Trotzdem zögert Frau Meier. Irgendwie ist es ihr unangenehm, Sozialhilfe zu beantragen. Nur schweren Herzens entschließt sie sich aber am Ende doch, ihren Mann stationär pflegen zu lassen und vereinbart am nächsten Tag einen Termin beim Sozialamt.

Der Elternunterhalt wird in der Praxis nur selten von den Unterhaltsberechtigten selbst geltend gemacht. Viele Menschen denken wie Frau Meier. Sie haben Angst, ihren Kindern später einmal zur Last zu fallen. Zum Thema wird der Elternunterhalt daher oft erst dann, wenn die Eltern in erheblichem Umfang gepflegt werden müssen und sie die Kosten dafür nicht mehr aus der eigenen Rente, dem Pflegegeld oder den eigenen Ersparnissen tragen können. Vielleicht können sie noch Schenkungsrückforderungs- oder Unterhaltsansprüche geltend machen – bis diese jedoch endgültig geklärt sind, können u. U. Monate oder gar Jahre vergehen. In dieser Zeit wären die Bedürftigen ohne Pflege – ein Verstoß gegen Artikel 1 GG („Die Würde des Menschen ist unantastbar."). Hier muss die Gesellschaft, der Sozialstaat, einspringen.

DIE AUFGABE DER SOZIALÄMTER

Subsidiaritätsgrundsatz

Nach dem sog. Nachrang- oder Subsidiaritätsgrundsatz springt der Sozialstaat immer erst dann ein, wenn ein Hilfebedürftiger nicht mehr für sich selbst sorgen kann und auch diejenigen, die unterhaltsrechtlich für ihn verantwortlich sind, seinen Lebensbedarf nicht (in vollem Umfang) sicherstellen können:

§

§ 2 SGB XII Nachrang der Sozialhilfe

(1) Sozialhilfe erhält nicht, wer sich vor allem durch Einsatz seiner Arbeitskraft, seines Einkommens und seines Vermögens selbst helfen kann oder wer die erforderliche Leistung von anderen, insbesondere von Angehörigen oder von Trägern anderer Sozialleistungen, erhält. [...]

Das Sozialamt prüft deshalb zunächst, ob dem Hilfebedürftigen entsprechende Mittel zur Verfügung stehen und Unterhaltsansprüche ggf. mittels einer einstweiligen Verfügung kurzfristig gerichtlich durchgesetzt werden können. Nur dann, wenn es an den nötigen Mitteln fehlt oder sie nicht rechtzeitig zur Verfügung stehen, leistet es, denn in **§ 1 SGB XII** heißt es:

§

Aufgabe der Sozialhilfe ist es, den Leistungsberechtigten die Führung eines Lebens zu ermöglichen, das der Würde des Menschen entspricht. [...]

Damit wird das Subsidiaritätsprinzip jedoch nicht außer Kraft gesetzt. Vielmehr bemüht sich das Amt anschließend, seine Auslagen wieder einzutreiben.

Sozialhilfeträger und Sozialamt

Zur Klarstellung: Als Sozialhilfeträger bezeichnet man die Institutionen, die für die Organisation der Sozialhilfe zuständig sind und die Kosten der Sozialhilfe tragen müssen, die in ihrem Zuständigkeitsbereich entstehen. Örtliche Sozialhilfeträger sind Kreise und kreisfreie Städte, überörtliche Sozialhilfeträger der Landeswohlfahrtsverband (Hessen), die Regierungsbezirke (Bayern) oder die Landschaftsverbände (Nordrhein-Westfalen). Die Sozialhilfeträger richten Behörden ein, die darüber entscheiden, ob im Einzelfall Sozialhilfe gewährt wird. Diese werden meist als Sozialämter bezeichnet. Im Bereich des Elternunterhaltsrechts spielt es letztlich keine große Rolle, ob man vom Sozialhilfeträger oder vom Sozialamt spricht. Beachten Sie aber, dass das Sozialamt „nur" das ausführende Organ ist. Sollte es zum Rechtsstreit oder zu einem Verwaltungsverfahren kommen, ist Ihr eigentlicher Adressat immer der zuständige Sozialhilfeträger.

SOZIALHILFEREGRESS

Das Sozialamt stellt, wenn es einmal eingesprungen ist, auch weiter sicher, dass der Hilfebedürftige versorgt ist und ausreichend gepflegt wird, leitet aber alle Ansprüche, die der Bedürftige gegen andere hat, auf sich über. Es macht also z. B. an seiner Stelle Unterhaltsansprüche geltend, soweit dies zur Kostendeckung notwendig ist. Dieses Vorgehen, das Zurückgreifen auf die eigentlich Verpflichteten, nennt man Sozialhilferegress.

§ 94 SGB XII Übergang von Ansprüchen gegen einen nach bürgerlichem Recht Unterhaltspflichtigen

(1) Hat die leistungsberechtigte Person für die Zeit, für die Leistungen erbracht werden, nach bürgerlichem Recht einen Unterhaltsanspruch, geht dieser bis zur Höhe der geleisteten Aufwendungen zusammen mit dem unterhaltsrechtlichen Auskunftsanspruch auf den Träger der Sozialhilfe über. [...]

Hilfe zur Pflege

Leistet der Sozialhilfeträger Hilfe zur Pflege nach dem SGB XII, gehen die Unterhaltsansprüche der Eltern gegen die Kinder generell auf den Sozialhilfeträger über. Ob die Beteiligten dies wollen oder nicht, spielt keine Rolle. Gleiches gilt dann, wenn Leistungen zur Grundsicherung im Alter nach dem SGB XII erbracht werden. Allerdings greift man in diesem Fall nur dann auf die Kinder (und Eltern, sofern diese noch leben) zurück, wenn ihr jährliches Gesamteinkommen über 100.000 Euro liegt.

Hartz IV

Beziehen die Eltern dagegen Leistungen nach dem SGB II („Hartz IV"), kann das Jobcenter seine erbrachten Leistungen nur dann von den unterhaltspflichtigen Kindern zurückfordern, wenn die Eltern damit einverstanden sind. Gegen den Willen der Eltern kann es nur dann auf die Kinder zurückgreifen, wenn Eltern und Kinder in einem Haushalt zusammenleben, denn in diesem Fall bilden sie eine sog. Bedarfsgemeinschaft. Deren Mitglieder sind dazu angehalten, sich in Notlagen gegenseitig materiell zu unterstützen und ihren Lebensunterhalt gemeinsam zu decken (vgl. § 7 SGB II).

Dass das Sozialamt den Unterhalt einfordert, macht den Anspruch noch nicht zu einem sozialrechtlichen Anspruch. Die Behörde muss den Unterhaltsanspruch vielmehr so nehmen, wie er ist. Würde Herrn Meier aus unserem Einführungsfall nach familienrechtlichen Regeln kein Unterhalt zustehen, kann auch das Sozialamt keinen geltend machen.

Wie man sich gegenüber dem Sozialhilfeträger verhalten sollte, werden wir später noch im Detail besprechen. Schon vorher werden wir aber auf Besonderheiten aufmerksam machen, die sich ergeben, wenn die Behörde Unterhaltsansprüche geltend macht.

So unangenehm es ist, auf Unterhalt in Anspruch genommen zu werden, wenn man genau weiß, dass die Eltern selbst dies nicht wollen oder gewollt hätten: Dass ein Sozialhilfeträger die Ansprüche geltend macht, ist keinesfalls das Schlimmste, was Ihnen passieren kann. Vielfach fallen die sozialrechtlichen Vorschriften und auch die internen Anweisungen der Sozialhilfeträger nämlich deutlich milder aus als die familienrechtlichen Regeln. Im Extremfall fahren Sie sogar besser, wenn Sie das Sozialamt ins Spiel bringen, anstatt den Unterhalt der Eltern innerhalb der Familie, etwa mit einem Betreuer oder Vorsorgebevollmächtigten „auszufechten".

POST VOM SOZIALAMT

Da die eigenen Einkünfte, das Pflegegeld und das Vermögen von Herrn Meier für die umfangreiche Pflege nicht ausreichen, wird Frau Meier beim Sozialamt einen Antrag auf Sozialhilfe stellen. Das Sozialamt wird dann den ungedeckten Bedarf von Herrn Meier ermitteln.

Verweis auf vorrangige Ansprüche

In diesem Rahmen prüft das Sozialamt u. a., ob die Eltern vorrangige Ansprüche haben, die sie zu Geld machen könnten, etwa Kapitallebensversicherungen, Ansprüche aus Schenkungswiderruf (dazu im Detail mehr auf S. 72 ff.) oder Unterhaltsansprüche. Werden solche Ansprüche festgestellt, verweisen die Sozialbehörden häufig darauf, dass die Eltern diese zunächst geltend machen müssen. Das ist aber nur dann zulässig, wenn die Ansprüche kurzfristig realisierbar sind oder Zahlungen von den Verpflichteten in Aussicht gestellt wurden oder schon erfolgen. Entscheidend ist, ob die Eltern im Moment der Antragstellung die Mittel zur Verfügung haben, um sich selbst zu unterhalten. Sollte das Sozialamt dies nicht beachten und auch ein Verweis auf die Rechtsprechung (z. B. BVerwGE 21, 208 [212] oder BVerwGE 67, 163 [166]) nicht weiterhelfen, sollte die Eintrittspflicht vor dem zuständigen Sozialgericht im Wege einer einstweiligen Verfügung durchgesetzt werden.

Verfügt der Bedürftige über Vermögen, kann er dieses aber in absehbarer Zeit nicht verwerten, haben die Sozialämter auch die Möglichkeit, sind gar verpflichtet, die Sozialhilfeleistungen darlehensweise zu gewähren. Das ist besonders relevant bei Immobilien, Anteilen an unaufgelösten Erbengemeinschaften und Geldanlagen, die aufgrund von Kündigungsfristen nicht sofort verfügbar sind.

Rechtswahrungsanzeige

Kann der Hilfebedürftige nicht alle Kosten von Pflegedienst oder Pflegeheim aus eigenen Mitteln decken, wird das Sozialamt diese zunächst erstatten. Sodann wird es seinen Kindern und seinem Ehegatten eine sog. Überleitungs- oder Rechtswahrungsanzeige schicken. Außerdem wird Auskunft über die jeweiligen Einkommens- und Vermögensverhältnisse verlangt. Genaueres hierzu erfahren Sie auf S. 143 ff.

Überleitungsbescheid

Oft fragt die Behörde zugleich an, ob weitere Ansprüche des Pflegebedürftigen bekannt sind und ob dieser innerhalb der letzten zehn Jahre Schenkungen gemacht hat. Sollte der Pflegebedürftige aus weiteren Forderungen und ggf. dem Widerruf oder der Rückforderung von Schenkungen Rechte herleiten können, wird sich das Sozialamt diese mittels eines Überleitungsbescheides zur Einziehung übertragen. Ob und inwieweit es möglich und sinnvoll ist, sich gegen diese Verfügungen des Amts zu wehren, erörtern wir auf S. 145 ff.

Bestehen solche Ansprüche nicht oder reichen sie nicht aus, um den Unterhaltsbedarf zu decken, prüft das Sozialamt, ob und inwieweit es gegenüber dem Ehegatten des Pflegebedürftigen Unterhaltsansprüche erheben kann. Bleibt danach immer noch ungedeckter Bedarf, wird schließlich der eigentliche Elternunterhalt gegenüber den Kindern geltend gemacht.

Tipp

Sollten Sie mit dem berechneten Unterhalt nicht einverstanden sein, suchen Sie das Gespräch mit dem Amt. Oftmals lässt sich auf diesem Wege bereits sehr viel erreichen. Sie werden beim Lesen dieses Buches sehen, wie viele Faktoren der Unterhaltsberechnung einer wertenden Betrachtung unterliegen. Hier kann das Sozialamt nicht schlicht auf seine Richtlinien verweisen, sondern muss sich Ihren Argumenten stellen. Sofern beide Parteien ernsthaft an einer gütlichen Einigung interessiert sind, kann die gesamte Angelegenheit u. U. schon frühzeitig kostengünstig abgeschlossen werden.

Ist eine Einigung hingegen nicht möglich, kann der Sozialhilfeträger dem Kind nicht unmittelbar den Gerichtsvollzieher schicken. Er muss vielmehr vor dem Familiengericht Zahlungsantrag stellen, denn erst wenn ein Gerichtsbeschluss vorliegt, ein sog. Vollstreckungstitel, können Zwangsvollstreckungsmaßnahmen eingeleitet werden. Zum zivil- und familiengerichtlichen Verfahren mehr auf S. 152 ff.

RECHTLICHE GRUNDLAGEN DES ELTERNUNTERHALTS

WER KANN ZUM ELTERNUNTERHALT VERPFLICHTET SEIN?

Verwandte in gerader Linie

Nach § 1601 BGB sind Verwandte in gerader Linie einander unterhaltspflichtig. Verwandte in gerader Linie sind Personen, die unmittelbar voneinander abstammen, also z. B. Eltern und ihre Kinder, Großeltern und ihre Enkel, Urgroßeltern und ihre Urenkel. Geschwister, Cousins, Cousinen, Onkel und Tanten sind dagegen in der Seitenlinie verwandt. Sie müssen einander keinen Unterhalt leisten.

Schwiegerkinder sind mit ihren Schwiegereltern nicht verwandt und damit nicht zur Unterhaltsleistung verpflichtet. Über Fälle, in denen sich der Unterhalt für die Schwiegereltern doch auf das Schwiegerkind auswirken kann, mehr auf S. 109.

Als Eltern können Sie die Unterhaltspflicht Ihrer Kinder nicht dadurch ausschließen, dass Sie für die Zukunft auf Unterhalt verzichten. Auch ein Verzicht gegen Abfindung oder eine Vereinbarung, die zu einer erheblichen Reduzierung des Unterhaltsanspruchs führt, ist unwirksam. Haben sich dagegen Unterhaltsrückstände gebildet, ist ein Verzicht möglich, solange der Anspruch noch nicht auf das Sozialamt übergegangen ist.

VORAUSSETZUNGEN DES UNTERHALTS-ANSPRUCHS

Eltern können von ihren Kindern Unterhalt verlangen, wenn sie ihren Lebensbedarf (§ 1610 BGB) aus den Mitteln, die ihnen zur Verfügung stehen, nicht vollständig selbst decken können (§ 1602 BGB). Außerdem muss das Kind in der Lage sein, den Unterhalt zu zahlen, ohne seinen eigenen Lebensbedarf und den seiner eigenen Familie zu gefährden (§ 1603 BGB). Zu Elternunterhaltsansprüchen kommt es nämlich in aller Regel erst, wenn die Eltern das Rentenalter erreicht haben und die Kinder den Unterhalt ihrer eigenen Familie sicherstellen und sich um ihre eigene Altersvorsorge kümmern müssen.

DIE RANGFOLGE DER UNTERHALTS-BERECHTIGTEN

Statt den Unterhalt gleichmäßig auf alle denkbaren Unterhaltsberechtigten aufzuteilen („Gießkannen-Prinzip"), hat der Gesetzgeber eine klare Rangfolge der Unterhaltsberechtigten festgelegt. Der Elternunterhalt ist im unterhaltsrechtlichen

System recht schwach ausgestaltet. Kinder und Ehegatten – auch geschiedene – gehen den Eltern stets vor. Gleiches gilt für die Unterhaltspflicht gegenüber einem (ehemaligen) Partner, der ein gemeinsames nichteheliches Kind betreut (vgl. § 1615 l BGB). Auch seine Unterhaltsansprüche haben also Vorrang gegenüber denen der Eltern des Unterhaltspflichtigen.

Die gesetzliche Rangfolge

Die Rangfolge der Unterhaltsberechtigten gem. § 1609 BGB (etwas vereinfacht):

(1.) Minderjährige und volljährige Schulkinder bis 21 Jahre
(2.) Kinder betreuende Elternteile sowie Ehegatten und Geschiedene langjähriger Ehen
(3.) Ehegatten und Geschiedene früherer Ehen
(4.) sonstige volljährige Kinder
(5.) Enkel und andere Abkömmlinge
(6.) Eltern
(7.) andere Verwandte der aufsteigenden Linie (Großeltern, Urgroßeltern etc.)

Erst wenn der Bedarf aller nach § 1609 Nr. 1 bis 5 BGB berechtigten Personen gedeckt ist und das Kind immer noch über verwertbares und einzusetzendes Einkommen oder Vermögen verfügt, muss dieses eingesetzt werden, um den Bedarf des unterhaltsberechtigten Elternteils zu decken.

Einführungsfall

Karin hat nach Deckung ihres eigenen Lebensunterhalts noch Geld übrig, welches sie für den Unterhalt ihres Vaters einsetzen könnte. Da ihre Tochter und ihr Ehemann jedoch vorrangig unterhaltsberechtigt sind, wird erst geschaut, ob Christiane und Uwe Unterhalt benötigen. Dabei hat Christiane als minderjähriges Kind Vorrang vor Uwe. Nur dann, wenn der Unterhalt von beiden gedeckt ist und danach noch Geld übrig ist, muss Karin dieses für den Unterhalt ihres Vaters einsetzen.

Ist für mehrere Berechtigte derselben Rangstufe nicht genügend Geld vorhanden, wird der Unterhalt nach ihrem jeweiligen Bedarf aufgeteilt.

Einführungsfall

01

Angenommen, Herr und Frau Meier sind pflegebedürftig. Er benötigt 2.000 Euro für seinen Lebensbedarf, sie 1.000 Euro. Von den 3.000 Euro können Karin und Heidrun nur 1.100 Euro, also 36,67 % zur Verfügung stellen. Herr Meier erhält daher 733,40 Euro (36,67 % von 2.000 Euro) und Frau Meier 366,70 Euro (36,67 % von 1.000 Euro).

DIE RANGFOLGE DER UNTERHALTSVERPFLICHTETEN

In vielen Fällen hat eine unterhaltsberechtigte Person nicht nur einen einzigen lebenden Verwandten in gerader Linie. Viele unterhaltsberechtigte Eltern haben beispielsweise mehrere Kinder, die wiederum selbst Kinder haben. Manchmal leben auch die alten Eltern oder gar Großeltern noch. All diese Personen kommen nach § 1601 BGB gleichermaßen als Unterhaltsverpflichtete in Betracht.

Auch wenn familienrechtlich selbst Enkel für die Pflege ihrer Großeltern aufkommen müssen: das Sozialrecht sieht die Sache in § 94 Abs. 1 Satz 3 ff. SGB XII weniger streng. Enkel (und Urgroßeltern) der Hilfebedürftigen werden danach ebenso wenig herangezogen wie Personen, die selbst Sozialhilfe erhalten.

§ 1606 BGB Rangverhältnisse mehrerer Pflichtiger

(1) Die Abkömmlinge sind vor den Verwandten der aufsteigenden Linie unterhaltspflichtig.

(2) Unter den Abkömmlingen und unter den Verwandten der aufsteigenden Linie haften die näheren vor den entfernteren.

(3) Mehrere gleich nahe Verwandte haften anteilig nach ihren Erwerbs- und Vermögensverhältnissen. [...]

§ 1608 BGB Haftung des Ehegatten oder Lebenspartners

(1) Der Ehegatte des Bedürftigen haftet vor dessen Verwandten. [...] Der Lebenspartner des Bedürftigen haftet in gleicher Weise wie ein Ehegatte.

Auf unseren Einführungsfall übertragen bedeutet diese Regelung Folgendes:

Zunächst muss Frau Meier für den Unterhalt ihres Ehemanns aufkommen (§ 1608 Abs. 1 BGB). Die Kinder und weiteren Abkömmlinge können nur in Anspruch genommen werden, soweit Frau Meier nicht leistungsfähig oder der Unterhaltsanspruch gegen sie aus anderen Gründen nicht durchsetzbar ist. Kann Frau Meier zum Unterhalt ihres Mannes nichts beitragen, haften zunächst die Abkömmlinge, also Karin, Heidrun und Christiane sowie Christianes spätere Kinder, für den ungedeckten Bedarf von Herrn Meier. Nur dann, wenn es keine Abkömmlinge (mehr) gibt, würden die Eltern von Herrn und Frau Meier haften, die allerdings schon lange verstorben sind (§ 1606 Abs. 1 BGB).

Unter den Abkömmlingen haften Heidrun und Karin vor Christiane und Christiane vor ihren Kindern. Unter den „Voreltern" müssten die Großeltern vor den Urgroßeltern und diese wiederum vor den Ururgroßeltern etc. für den Unterhalt einstehen (§ 1606 Abs. 2 BGB).

Heidrun und Karin, die gleich nah mit ihren Eltern verwandt sind, haften anteilig nach ihren Einkommens- und Vermögensverhältnissen (§ 1606 Abs. 3 BGB). Auf dieses Problem hatten wir oben schon kurz hingewiesen. Auf die Probleme bei der Geschwisterhaftung werden wir später noch ausführlich eingehen (siehe unten S. 136 ff.). Hier soll zur Verdeutlichung ein kurzes Beispiel genügen.

Einführungsfall (Fortsetzung)

Angenommen, Heidrun könnte maximal 700 Euro zum Unterhalt der Eltern beisteuern und Karin 400 Euro. Heidrun trüge damit 63,64 % zu den 1.100 Euro bei und Karin 36,36 %. Würde Herr Meier für seinen eigenen Unterhalt 800 Euro benötigen, müsste Heidrun hiervon 509,12 Euro bezahlen (63,64 % von 800) und Karin 290,88 Euro (36,36 % von 800).

DAS ENDE DES UNTERHALTSANSPRUCHS

Der Unterhaltsanspruch endet, sobald der Berechtigte nicht mehr bedürftig ist. Sollten Herr und Frau Meier also beispielsweise im Lotto gewinnen oder eine Erbschaft machen oder sollte Herr Meier sich so weit erholen, dass er seine Pflege wieder aus eigenen Mitteln finanzieren kann, wäre kein Unterhalt mehr zu zahlen. Der Anspruch auf Verwandtenunterhalt endet spätestens, wenn der Berechtigte oder der Verpflichtete stirbt (§ 1615 Abs. 1 BGB). Sind zu diesem Zeitpunkt schon Ansprüche entstanden, bleiben diese aber bestehen.

Einführungsfall (Fortsetzung)

Ein Jahr nach Eintritt der Pflegebedürftigkeit stirbt Herr Meier. Karin hat bislang noch keinen Unterhalt geleistet. Die von ihr nach dem vorstehenden Beispiel geschuldeten 3.490,91 Euro (12 x 290,88 Euro) zuzüglich Verzugszinsen muss sie nun noch an den Nachlass von Herrn Meier (vgl. § 1922 Abs. 1 BGB) bzw. das Sozialamt zahlen. Für die Zukunft muss Karin für ihren verstorbenen Vater aber keinen Unterhalt mehr leisten.

Ob und in welchem Umfang aus dem Nachlass des Unterhaltsbedürftigen Rückstände bezahlt werden müssen, werden wir noch erörtern (vgl. S. 159 f.).

UNTERHALTSRÜCKSTÄNDE ODER UNTERHALT FÜR DIE VERGANGENHEIT?

Einführungsfall (Fortsetzung)

Karin hat im Internet gelesen, dass man für die Vergangenheit keinen Unterhalt zahlen muss. Sie wundert sich deshalb, dass sie verpflichtet sein soll, den Unterhalt für die vergangenen zwölf Monate zu erstatten.

Karin hat im Prinzip richtig gelesen: Unterhalt kann grundsätzlich nur für die Zukunft gefordert werden. Der Berechtigte kann allerdings darauf bestehen, dass der Verpflichtete Unterhaltsrückstände ausgleicht.

§ 1613 BGB Unterhalt für die Vergangenheit

(1) Für die Vergangenheit kann der Berechtigte Erfüllung oder Schadensersatz wegen Nichterfüllung nur von dem Zeitpunkt an fordern, zu welchem der Verpflichtete zum Zwecke der Geltendmachung des Unterhaltsanspruchs aufgefordert worden ist, über seine Einkünfte und sein Vermögen Auskunft zu erteilen, zu welchem der Verpflichtete in Verzug gekommen oder der Unterhaltsanspruch rechtshängig geworden ist. Der Unterhalt wird ab dem Ersten des Monats, in den die bezeichneten Ereignisse fallen, geschuldet, wenn der Unterhaltsanspruch dem Grunde nach zu diesem Zeitpunkt bestanden hat. [...]

Einführungsfall (Fortsetzung)

Angenommen, Herr Meier ist seit April 2011 pflegebedürftig. Frau Meier fordert Karin am 15.08.2011 auf, Auskunft über ihr Einkommen und Vermögen zu erteilen. Nach einigem Hin und Her stellt Frau Meier am 28.08.2012 (richtig) fest, dass Karin monatlich 500 Euro Unterhalt zu zahlen hat.

Nach § 1613 Abs. 1 Satz 1 BGB muss Karin den Unterhalt ab August nachzahlen und zwar ab dem Ersten des Monats, also ab dem 01.08.2011 (vgl. § 1613 Abs. 1 Satz 2 BGB).

Als Unterhaltsberechtigter sollte man den Verpflichteten möglichst frühzeitig auffordern, Auskunft über sein Einkommen und Vermögen zu erteilen, denn es kann immer sein, dass sich Verhandlungen über den Unterhalt über Monate hinziehen. Es wäre misslich, wenn dabei der gesamte Unterhalt für die zurückliegenden Monate verlorenginge. Um später belegen zu können, dass man den Verpflichteten tatsächlich zur Auskunftserteilung aufgefordert hat, empfiehlt es sich, das Schreiben z. B. per Einschreiben/Rückschein zu verschicken.

Ohne Auskunftsverlangen kann der Bedürftige ausnahmsweise dann für die Vergangenheit Unterhalt fordern, wenn er aus tatsächlichen oder rechtlichen Gründen daran gehindert war, seinen Unterhaltsanspruch geltend zu machen (§ 1613 Abs. 2 BGB). Nachfordern kann er ferner sog. Sonderbedarf. Gemeint sind hiermit Ausgaben, die überraschend notwendig wurden, also selbst bei sorgfältiger Planung nicht vorhersehbar waren, z. B. Kosten für den Umzug ins Pflegeheim oder eine neue Brille. Der Bedürftige darf nicht in der Lage gewesen sein, das erforderliche Geld rechtzeitig anzusparen. Auch müssen die Kosten den üblichen Lebensbedarf erheblich überschreiten.

Entsprechend geht auch das Sozialamt vor. Ist klar, dass die Eltern unterstützt werden müssen und dass unterhaltspflichtige Personen vorhanden sind, versendet es sog. Rechtswahrungsanzeigen. Hierin informiert es den Adressaten, dass er als Unterhaltsberechtiger in Betracht kommt. Ferner wird er meist aufgefordert, auf den beigefügten Formularen Auskunft zu erteilen.

Tipp

Hüten Sie sich davor, zunächst „auf Verdacht" einen bestimmten Unterhalt geltend zu machen, ohne gleichzeitig klarzustellen, dass es sich dabei nur um eine Abschlagsforderung handelt.

Frau Meier fordert Karin erfolglos auf, ab dem 15.08.2012 für den Unterhalt des Vaters monatlich einen Betrag von 100 Euro beizusteuern. Für die Zeit ab dem 06.11.2012 erhöht sie die Forderung später auf 200 Euro monatlich – wiederum erfolglos. Am 28.08.2013 wird es Frau Meier zu bunt. Sie fordert Karin nunmehr auf, Auskunft über ihr Einkommen und Vermögen zu erteilen. Als sie die Unterlagen auswertet, stellt sie (korrekt) fest, dass Karin monatlich 500 Euro zu zahlen hat.

Hier hat Frau Meier sich zunächst auf einen gewissen Betrag festgelegt und erst Auskunft bzw. höheren Unterhalt verlangt, als es zwischen ihr und Karin zu Problemen gekommen ist. Das war ein Fehler, denn für die Zeit vom 01.08.2012 bis 31.10.2012 kann sie nun von Karin nur eine Nachzahlung von 100 Euro pro Monat verlangen. Für den Zeitraum vom 01.11.2012 bis 31.07.2013 liegt der rückständige Betrag bei 200 Euro pro Monat. Nur in dieser Höhe befand sich Karin in den jeweiligen Monaten in Verzug. Erst ab dem 01.08.2013, dem Ersten des Monats, in dem ihre Mutter sie zur Auskunft aufforderte, schuldet Karin den errechneten Unterhalt in Höhe von 500 Euro.

Vorsicht: Verwirkung

„Ewig" warten darf man mit der Durchsetzung seines Unterhaltsanspruchs auch dann nicht, wenn man seine Unterhaltsrückstände mit Blick auf § 1613 Abs. 1 BGB abgesichert hat. Wer seinen Unterhaltsanspruch nämlich nicht mit Nachdruck geltend macht, kann ihn unter Umständen verlieren, weil er ihn verwirkt hat. Hergeleitet wird das Rechtsinstitut der Verwirkung aus dem Grundsatz von Treu und Glauben (§ 242 BGB). Ein Unterhaltsanspruch ist dann verwirkt, wenn der Berechtigte ihn längere Zeit nicht geltend gemacht hat, sodass der Verpflichtete nach Ablauf einer gewissen Zeit darauf vertrauen darf, dass er nicht (mehr) in Anspruch genommen wird und sich darauf einrichtet. Nach der Rechtsprechung sind an das Zeitmoment der Verwirkung, also den längeren Zeitraum, keine sehr hohen Anforderungen zu stellen. Es reicht schon aus, wenn Unterhalt etwas mehr als ein Jahr nicht eingefordert wurde (BGH, Urteil vom 23.10.2002, Az. XII ZR 266/99).

Einführungsfall

Heidrun und Karin haben dem Sozialamt nach dessen Aufforderung vom 01.07.2010 per Einschreiben sämtliche Auskünfte über ihre Einkommens- und Vermögensverhältnisse zukommen lassen. Diese sind dort am 01.09.2010 eingegangen. Seitdem haben sie vom Sozialamt nichts mehr gehört. Erst am 24.12.2012 erhalten sie „Weihnachtspost" vom Amt, mit der sie aufgefordert werden, den in dem Schreiben bezifferten Unterhalt für den Vater seit dem 01.07.2010 nachzuzahlen. Unterstellt, der Unterhalt könnte grundsätzlich seit dem 01.07.2010 gefordert werden: Ist der Anspruch hier aufgrund der langen Bearbeitungszeit verwirkt?

Der Unterhaltsverpflichtete darf so lange nicht auf Verwirkung hoffen, wie er sich noch in ernsthaften Verhandlungen mit den Eltern bzw. dem Sozialamt befindet. Hier aber gab es keinen Grund, warum das Sozialamt länger als ein Jahr gebraucht hat, um den Unterhalt einzufordern.

Karin und Heidrun müssen für die Zeit vor Dezember 2011 keinen Unterhalt nachzahlen, für die zwölf Monate seitdem aber schon. Außerdem hat Herr Meier Anspruch auf Unterhalt für die Zukunft. Die Verwirkung bezieht sich nur auf rückständige Unterhaltszahlungen.

Es spielt übrigens grundsätzlich keine Rolle, ob der Unterhalt vom Berechtigten von Anfang an mit Zeitverzug eingefordert wurde oder ob etwa ein Unterhaltsbeschluss, den das Amt gegen den Verpflichteten erstritten hat, länger als ein Jahr ohne Vollstreckungsbemühungen „herumlag". Wer seinen Unterhalt nicht binnen eines Jahres durchsetzt, riskiert, die älteren Rückstände zu verlieren.

Sinn der scheinbar sehr harten Argumentation des BGH ist, dass Unterhalt keine „Kapitalanlage" sein soll, sondern dazu bestimmt ist, den täglichen Lebensbedarf des Unterhaltsberechtigten zu decken. Außerdem können die Unterhaltsrückstände binnen kurzer Zeit zu einer erheblichen Schuldenlast anwachsen. Das will der BGH den Verpflichteten aber nicht zumuten.

ELTERNUNTERHALT TROTZ ERHEBLICHER VERFEHLUNGEN DES BEDÜRFTIGEN ELTERNTEILS?

BESCHRÄNKUNG ODER WEGFALL DER UNTERHALTSPFLICHT: RECHTSGRUNDLAGE

Seinen Anspruch auf Unterhalt muss sich ein Elternteil nicht „verdienen". Unterhalt kann man beanspruchen, solange man bedürftig ist und über Angehörige verfügt, die unterhaltspflichtig und leistungsfähig sind. Man kann seinen Unterhaltsanspruch allerdings verlieren, wenn man sich in erheblichem Maße schuldhaft verhalten hat.

§ 1611 BGB Beschränkung oder Wegfall der Verpflichtung

(1) Ist der Unterhaltsberechtigte durch sein sittliches Verschulden bedürftig geworden, hat er seine eigene Unterhaltspflicht gegenüber dem Unterhaltspflichtigen gröblich vernachlässigt oder sich vorsätzlich einer schweren Verfehlung gegen den Unterhaltspflichtigen oder einen nahen Angehörigen des Unterhaltspflichtigen schuldig gemacht, so braucht der Verpflichtete nur einen Beitrag zum Unterhalt in der Höhe zu leisten, die der Billigkeit entspricht. Die Verpflichtung fällt ganz weg, wenn die Inanspruchnahme des Verpflichteten grob unbillig wäre.

In § 1611 BGB findet sich gleich zweimal der Begriff der Billigkeit: Unterhalt ist nur dann zu zahlen, wenn und soweit dies billig – also „gerecht" – ist. Für den Fall des Elternunterhalts heißt das: Hat ein Elternteil seine Bedürftigkeit selbst verschuldet, sein Kind in unterhaltsrechtlicher Hinsicht grob vernachlässigt oder sich vorsätzlich bestimmter schwerer Verfehlungen schuldig gemacht, kann er weniger oder in Extremfällen sogar gar keinen Unterhalt mehr verlangen.

Die Voraussetzungen für eine Unterhaltskürzung wegen sittlich-moralischen Fehlverhaltens des Unterhaltsbedürftigen sind streng. Ob und in welchem Umfang der Unterhalt reduziert wird, ist zudem immer eine Frage des Einzelfalls. Das bedeutet, dass ein Richter sich jeden Fall, jede Familienkonstellation genau anschauen muss, um sich ein Bild vom Ausmaß des Verschuldens zu machen.

01

BEDÜRFTIGKEIT AUFGRUND SITTLICHEN VERSCHULDENS

Die Unterhaltspflicht kann dann beschränkt sein oder wegfallen, wenn die Eltern mangelhaft fürs Alter vorgesorgt haben und nun von ihren Kindern erwarten, dass diese die Versorgungslücke schließen. Denn von jedem Erwerbsfähigen kann erwartet werden, dass er ausreichende Rücklagen für sein Alter bildet. Dass die Eltern leichtsinnig gehandelt haben, genügt aber nicht: Ihnen muss ein sittliches Verschulden vorzuwerfen sein.

Einführungsfall

- Herr Meier ist alkoholkrank, lässt sich trotz zahlreicher Hilfsangebote nicht behandeln und verliert seine Arbeitsstelle.
- Herr Meier kündigt ohne Not seine Arbeit und lebt fortan von Sozialleistungen.
- Frau Meier kündigt kurz vor Renteneintritt ihre Lebensversicherung und verbraucht die Auszahlungssumme binnen weniger Jahre zur Befriedigung von Luxusbedürfnissen.

Selbst in diesen Fällen groben Verschuldens bleibt der Unterhaltsanspruch jedoch nach der Rechtsprechung zumindest teilweise bestehen, wenn die Eltern pflegebedürftig geworden sind. Nach Meinung der Richter kann man nämlich für die dann entstehenden Kosten ohnehin nicht angemessen vorsorgen. Dieses Argument ist angesichts der teilweise horrenden Pflegeheimkosten nicht völlig von der Hand zu weisen.

VERNACHLÄSSIGUNG DER UNTERHALTS-PFLICHT

Eltern sollen dann keinen Unterhalt beanspruchen können, wenn sie sich selbst unterhaltsrechtlich in grobem Maße illoyal verhalten haben. So kann der Anspruch ausgeschlossen sein, wenn der Berechtigte früher nur unter Druck, verspätet, unzureichenden oder gar keinen Kindesunterhalt gezahlt und damit den Lebensbedarf des Kindes ernsthaft gefährdet hat. Wer unter Druck schließlich doch für sein Kind aufgekommen ist, hat den Unterhaltsanspruch regelmäßig noch nicht verwirkt.

Die Pflichtverletzung muss dem Elternteil vorwerfbar sein. Ist eine Mutter aus psychischen Gründen unfähig, ihrer Unterhaltsverpflichtung gegenüber ihrem Sohn nachzukommen, ist kein schuldhaftes Fehlverhalten im Sinne des § 1611 BGB gegeben. Eine Reduzierung des Unterhaltsanspruchs, geschweige denn der Wegfall des Unterhaltsanspruchs, ist hier nicht statthaft (BGH, Urteil vom 15.09.2010, Az. XII ZR 148/09).

Anders kann dies ausnahmsweise bei einem besonderen Bezug zu sozialen oder öffentlichen Belangen zu werten sein.

kriegsbedingte Vernachlässigung

Beispiel (BGH, Urteil vom 21.04.2004, Az. XII ZR 251/01)

Ein Vater diente als Soldat im Zweiten Weltkrieg und hat aus dieser Zeit eine psychische Erkrankung davongetragen, die es ihm unmöglich machte, sich hinreichend um sein Kind zu kümmern.

In diesem Fall sahen die Richter es mit Blick auf die Kriegsfolgen ausnahmsweise als gerechtfertigt an, die Unterhaltslast doch dem Staat aufzuerlegen und schlossen die Überleitung des Unterhaltsanspruchs aus. Kriegsfolgen sind nach Auffassung des Gerichts eine gesamtgesellschaftliche Aufgabe, für die der Staat aufkommen müsse.

01

Verweigerung des Ausbildungsunterhalts

Beispiel (AG Krefeld, Urteil vom 30.10.2009, Az. 65 F 130/09)

Eine Mutter ermöglichte in den 1950er Jahren ihrem erst 13-jährigen Kind nach dem Abschluss der Volksschule keine qualifizierte Berufsausbildung. Das Kind musste sodann als ungelernte Kraft seinen Lebensunterhalt verdienen. Zudem überließ die Mutter Betreuung und Erziehung fortan den Großeltern.

Das Familiengericht sah den Elternunterhalt als verwirkt an. Insbesondere berücksichtigte es die beengten Verhältnisse in den 1950er Jahre nur teilweise als entlastend.

VORSÄTZLICHE SCHWERE VERFEHLUNG

Wenn der Berechtigte das Kind oder einen seiner nahen Angehörigen schwer verletzt, geschädigt oder in erheblichem Maße belästigt hat, kann sein Unterhaltsanspruch ebenfalls ganz oder teilweise entfallen.

Einführungsfall

- Herr Meier hat Uwe tätlich angegriffen.
- Frau Meier wirft Uwe fälschlicherweise vor, Christiane missbraucht zu haben, zeigt ihn an und bezeugt dies wissentlich falsch vor Gericht.
- Herr Meier hat Heidrun missbraucht.

Unter Geschwistern besteht üblicherweise eine besondere Nähebeziehung. Hat der Berechtigte sich gegenüber einem seiner Kinder schuldig gemacht, kann man deshalb davon ausgehen, dass er dadurch auch das andere Geschwisterkind „mit verletzt" hat. Dann entfällt der Unterhaltsanspruch gegenüber beiden Geschwistern. Aber auch dann, wenn die Geschwister sich nicht nahestanden, könnte der Unterhaltsbedürftige auf gar keinen Fall verlangen, dass die anderen Geschwister finanziell einspringen, wenn die Unterhaltsverpflichtung eines Kindes wegen einer vorsätzlichen schweren Verfehlung des Unterhaltsberechtigten wegfällt (vgl. § 1611 Abs. 3 BGB).

Einführungsfall

Heidrun und ihr Vater haben vor vielen Jahren auf einer Familienfeier Streit bekommen und seitdem nicht mehr miteinander gesprochen.

Kontaktabbruch

Dies allein wird für die Annahme einer „Verwirkung" nicht ausreichen. Es spielt keine Rolle, wenn es zwischen Kind und Eltern lange Jahre keinen Kontakt gegeben hat (z. B. BGH, Urteil vom 15.09.2010, Az. XII ZR 148/09). Anders wäre es, wenn Grund für die „Funkstille" eine tiefe Kränkung durch den Vater war, die einen solchen Mangel an verwandtschaftlicher Gesinnung erkennen lässt und die Beziehung so schwer gestört hat, dass es schlicht unverständlich wäre, wenn Heidrun nun Unterhalt (in voller Höhe) zahlen müsste. Denkbar wäre dies etwa, wenn der Vater Heidrun ohne sachlichen Grund schwer beleidigt, schließlich gerufen hätte: „Du bist nicht mehr meine Tochter!", und hernach jeglichen Kontakt verweigert hätte.

Ein Verzeihen lässt den Ausschlussgrund ganz oder teilweise wieder entfallen. Hat das Kind nach der Verletzung wieder Kontakt zum Unterhaltsbedürftigen aufgenommen, werden dadurch die zerrütteten verwandtschaftlichen Beziehungen „geheilt".

VORTRAG UND BEWEIS DER AUSSCHLUSS-GRÜNDE IM UNTERHALTSPROZESS

Liegt einer der oben genannten Gründe vor, werden sie von Amts wegen vom Gericht berücksichtigt. Voraussetzung ist allerdings, dass der Unterhaltsverpflichtete entsprechende Tatsachen vorträgt. Bestreitet der Unterhaltsberechtigte diese vorgetragenen Tatsachen, muss der Unterhaltspflichtige sie außerdem beweisen. Es empfiehlt sich also, im Vorfeld Indizien und Beweise für ein Verschulden des Berechtigten zu sammeln. Zu Beweiszwecken kann man außerdem Zeugen benennen und notfalls auch eine eigene eidesstattliche Versicherung abgeben. Berufen Sie sich auf die Nichtzahlung oder verzögerte Zahlung von Unterhalt durch den nunmehr bedürftigen Elternteil, sollten Sie Vollstreckungsunterlagen und familiengerichtliche Entscheidungen sowie ggf. auch strafrichterliche Urteile wegen Verletzung der Unterhaltspflicht (§ 170 StGB) vorlegen.

ELTERNUNTERHALT IN DER PRAXIS: TAKTIK UND PRÜFUNGSSCHEMA

TAKTIK

Wer prüfen möchte, ob er zum Elternunterhalt herangezogen werden kann, muss wissen, nach welchem Schema der Familienrechtler im Unterhaltsrecht vorgeht. Nicht immer ist es notwendig, gegenüber dem Sozialamt oder in der Diskussion mit den Familienangehörigen juristisch korrekt zu argumentieren. Dies steht einer vernünftigen Lösung gelegentlich sogar entgegen. Es erleichtert die Diskussion zumeist aber spürbar, wenn man besagtem Prüfungsschema folgt und weiß, wo in rechtlicher Hinsicht die Chancen und Risiken des eigenen Falls liegen. Zudem wird das Gericht spätestens im Falle eines Rechtsstreits nach diesem Schema vorgehen. Erfolg und Misserfolg im Prozess können daher durchaus davon abhängen, ob man seine Argumentation und Taktik rechtlich gut abgesichert hat.

Warum taktieren?

Das Unterhaltsrecht ist zwar in seiner Struktur gesetzlich geregelt, wie diese Regeln in der Praxis umzusetzen sind, bestimmen aber von Fall zu Fall die Gerichte. Kaum ein Einzelfall, kaum eine Familienkonstellation gleicht der anderen. Um eine gewisse Einheitlichkeit zu erreichen, haben die Familienrichter eigene Regelwerke entwickelt, die das Gesetz ergänzen: die „Düsseldorfer Tabelle" und die auf ihr basierenden Unterhaltsleitlinien der Oberlandesgerichte. Dazu unten mehr (siehe S. 101 ff.). All diese Regeln sind nur Mittel zu dem Zweck, einer gerechten Lösung möglichst nahezukommen. Man arbeitet im Unterhaltsrecht daher immer mit Näherungswerten, mit einem Spielraum zwischen dem Optimum und dem Worst Case. Wer nur schematisch vorgeht, wird oftmals nicht zum optimalen Ergebnis gelangen.

PRÜFUNGSSCHEMA

Unterhalt kann nur beanspruchen, wer selbst nicht genug hat, um seinen Lebensbedarf vollständig selbst zu decken.

Bedarf

Zunächst muss der Unterhaltsbedarf der Eltern ermittelt werden. Die Frage ist in aller Regel weniger komplex als beim Ehegatten- oder Kindesunterhalt, weil der Bedarf meist unmittelbar mit dem Pflege- und Betreuungsbedarf zusammenhängt.

Bedürftigkeit

Die Eltern sind nur bedürftig, soweit sie nicht über eigenes verwertbares Einkommen und Vermögen verfügen. In diesem Zusammenhang ist zu klären, ob sie ihr gesamtes Einkommen und Vermögen verbrauchen, Schenkungen widerrufen oder gar ihr Familienheim verkaufen müssen. Auch stellt sich die Frage, wie mit Wohn-, Nießbrauchs- und vergleichbaren Rechte umzugehen ist.

Leistungsfähigkeit

Die bei weitem komplexeste Frage im Elternunterhaltsrecht ist, ob das Kind leistungsfähig ist. Dafür muss ermittelt werden, welches Einkommen und welches Vermögen für den Unterhalt zur Verfügung steht. Neben dem eigenen Lebensunterhalt des Kindes (Stichwort: Selbstbehalt, vgl. S. 110 ff.) ist entscheidend, inwieweit Schulden, Altersvorsorge, Aufwendungen für das selbst bewohnte Haus oder die Einkünfte des Ehegatten zu berücksichtigen sind. Dies ist vielfach anders zu beurteilen als bei den unterhaltsbedürftigen Eltern. Ob ein Kind leistungsfähig ist, hängt zudem davon ab, ob und inwieweit es Dritten – seinen eigenen Kinder, seinem Ehegatten etc. – zum Unterhalt verpflichtet ist. Diese Unterhaltsansprüche sind vor denen der Eltern zu befriedigen (s. o.) und müssen daher genau berechnet werden. Solche „inzidenten", ineinander verschränkten Unterhaltsprüfungen sind im Elternunterhaltsrecht keine Seltenheit.

Angemessenheit

Selbst wenn nach der Prüfung der Leistungsfähigkeit des Kindes ein rechnerisch „richtiges" Ergebnis vorliegt, ist die Unterhaltsprüfung noch nicht beendet. Abschließend ist noch zu untersuchen, ob das Ergebnis gerecht ist. Diese Angemessenheitsprüfung wird oft vergessen, darf aber bei keiner Unterhaltsberechnung fehlen. Sie ist eine gute Möglichkeit, eine für Sie ungünstige Berechnung noch zu korrigieren.

Wenn Sie das Gefühl haben, dass bestimmte Belastungen, eine bestimmte Notlage oder bestimmte Besonderheiten in Ihrer Lebensplanung nicht hinreichend berücksichtigt worden sind, sollten Sie dies dem Sozialamt oder Gericht in jedem Fall mitteilen und glaubhaft machen.

- Sie haben in den letzten Jahren fleißig gespart, um Ihre Wohnung für Ihre behinderte Tochter umzubauen und deswegen besonders viel Geld auf dem Konto, das auf den ersten Blick für den Unterhalt verfügbar ist.
- Ihre Frau ist unheilbar krebskrank und Sie möchten Ihre Ersparnisse zum Teil in alternative Heilmethoden, Reisen oder andere angenehme Dinge investieren, um sich gemeinsam noch eine schöne Zeit zu machen.

DER BEDARF DER ELTERN

02

Ein unterhaltspflichtiges Kind muss immer nur für das einstehen, was sein Elternteil für den notwendigen Lebensbedarf benötigt. Sind die Eltern pflegebedürftig, können sie verlangen, dass ihre medizinisch erforderliche Pflege gesichert wird. Sind sie noch nicht pflegebedürftig, muss das Kind dafür sorgen, dass sie nicht unter das Existenzminimum fallen.

DER LEBENSBEDARF

UNTERHALT NACH DER „LEBENSSTELLUNG"

Solange die Eltern in der Lage sind, ihren Lebensunterhalt durch Erwerbstätigkeit zu sichern, haben sie keinen Anspruch auf Unterhalt. Erst wenn dies nicht mehr möglich ist, etwa weil sie aufgrund einer Krankheit erwerbsunfähig geworden sind oder weil sie das Renteneintrittsalter erreicht haben, kommt ein Unterhaltsanspruch in Betracht.

Die Lebensstellung der Eltern

Das Maß, also die Höhe des Unterhalts, wird vom Gesetz nicht konkretisiert. In § 1610 Abs. 1 BGB findet sich lediglich der Hinweis, dass die Kinder ihren Eltern den „angemessenen Unterhalt" schulden. Was angemessen ist, richtet sich nach der Lebensstellung des Berechtigten. Eltern haben jeweils die Lebensstellung, die sie mit ihrem Einkommen und Vermögen finanzieren können und wollen. Wer ein gutes Einkommen hat, kann sich auch mehr leisten. Steigt oder sinkt das Einkommen, ändert sich u. U. die Lebensstellung. Gleiches gilt für den Wechsel vom Erwerbsleben in den Ruhestand. Hier sinkt das Einkommen in der Regel, gleichzeitig sinken aber auch die berufsbedingten Aufwendungen. Die Ausgaben für die Gesundheit steigen, dafür wird womöglich weniger Geld für Neuanschaffungen ausgegeben. In jedem Fall haben die Eltern im Alter den Lebensstandard, den sie sich während ihres Erwerbslebens „verdient" haben. Das ist seit dem Urteil des BGH vom 19.02.2003 (Az. XII ZR 67/00) einhellige Auffassung der Rechtsprechung.

Was sich durch das Alterseinkommen und Vermögen nicht abdecken lässt, gehört nicht zum notwendigen Lebensbedarf. Die Kinder müssen also weder für das aufkommen, was die Eltern durch den Renteneintritt an Einkommen verlieren noch für Dinge, die sie sich nun nicht mehr leisten können. Nur dann, wenn die Eltern noch nicht einmal das Nötigste zum

Leben haben, kann es sein, dass die Kinder für den Mindestbedarf der Eltern, das Existenzminimum, aufkommen müssen.

Das Existenzminimum

> In den familienrechtlichen Leitlinien und der Düsseldorfer Tabelle ist mehrfach von einem Existenzminimum von 800 Euro die Rede (siehe unten S. 103). Klarer definiert dies das Sozialrecht: Der Regelsatz liegt seit 2013 bei 382 Euro, ab dem 1.1.2014 bis zu 391 Euro. Hinzu kommen Kosten für Unterkunft und Heizung sowie ein eventueller Mehrbedarf. Im Ergebnis ergibt sich meist ebenfalls ein Betrag von rund 800 Euro.

Können die Eltern noch nicht einmal ihr Existenzminimum decken, kann sich das Kind u. U. auf unterhaltsbezogene Leichtfertigkeit und damit auf „Verwirkung" berufen. Denn es wäre Aufgabe der Eltern gewesen, während ihres Erwerbslebens fürs Alter vorzusorgen. Werden die Eltern aber pflegebedürftig und reicht ihr Einkommen und Vermögen nicht aus, um die nötige Pflege zu finanzieren, wird dies von der Rechtsprechung als schicksalhafte Entwicklung angesehen. Dass Gesundheits- und Pflegemaßnahmen Kosten verursachen, ist nicht auf ein Verschulden der Eltern zurückzuführen. Ob die Eltern nun gut oder schlecht für ihr Alter vorgesorgt haben: vor diesen Kosten sind sie nicht gefeit.

Pflegekosten

Ein Platz in einem Seniorenheim mit moderatem Preis-Leistungs-Verhältnis kostet je nach Pflegebedarf mindestens 1.000 Euro (reine „Hotelkosten") bis hin zu mehr als 5.000 Euro monatlich. Sollte eine besonders intensive pflegerische Betreuung notwendig sein, können die Kosten noch einmal steigen. Zu Hause gepflegt zu werden, ist dagegen deutlich billiger, weil kein „Hotel", sondern nur eine Privatunterkunft finanziert werden muss. Allerdings ist eine Intensivpflege in der eigenen Wohnung kaum möglich. Spätestens ab Pflegestufe III ist eine stationäre Pflege meist unumgänglich. Zu den Pflegestufen mehr auf S. 47 ff.

ANGEMESSENE HEIM- UND PFLEGEKOSTEN

Notwendige Maßnahmen

Tipp

Wenn klar ist, dass Sie als Kind für den Unterhalt Ihrer Eltern aufkommen müssen, sollten Sie diese nach Kräften dabei unterstützen, so lange wie möglich zu Hause wohnen bleiben zu können. Bedenken Sie, dass die Kosten für eine umfassende Pflege oder gar einen Heimaufenthalt die Kosten der häuslichen Pflege wie oben gesehen in aller Regel deutlich übersteigen.

Die Eltern können nur die Mittel für notwendige Pflegemaßnahmen und notwendige Heimaufenthalte beanspruchen. Dass eine Pflegemaßnahme medizinisch erforderlich ist, sollten sie sich ggf. ärztlich attestieren lassen. Das gilt auch, wenn sie einen bestimmten Mehrbedarf haben, den sie aus ihren Mitteln nicht finanzieren können, z. B. Kosten für bestimmte ärztlich verordnete Diätlebensmittel, eine Haushaltshilfe oder Fahrten zum Arzt.

Wer noch in der Lage ist, selbstständig seinen Haushalt zu führen, kann bei einem Umzug in ein Seniorenheim die Kosten grundsätzlich nicht von den unterhaltspflichtigen Kindern ersetzt verlangen. Auch hier kommt es aber auf den Einzelfall an.

Sollte Herr Meier in einem Heim gepflegt werden müssen, entschließt sich Frau Meier womöglich, mit ihm umzuziehen, obwohl sie gut allein in dem Haus zurechtkäme, in dem sie bislang gemeinsam gewohnt haben. Kann sie verlangen, dass die Kinder sich dann an den Kosten beteiligen?

Der Unterhaltsbedürftige hat im Hinblick auf den Umzug in ein Heim einen gewissen Entscheidungsspielraum. Kinder können von ihren Eltern nicht verlangen, dass diese den Pflegeheimaufenthalt so lange wie irgend möglich hinauszögern, etwa bis die Einstufung in eine Pflegestufe erfolgt ist.

Im Beispiel spricht für einen früheren Umzug von Frau Meier, dass sie nicht von ihrem Mann getrennt leben möchte. Solange sie aber ohne umfangreiche Hilfe allein zurechtkommt und nicht zu verwahrlosen droht, kann sie weder von ihren Töchtern noch vom Sozialamt verlangen, dass diese für die Heimkosten aufkommen.

02

Die Auswahl des Pflegeheims

Auswahl nach Lebensstellung

Auch wenn die Unterhaltspflichtigen im Einzelfall vor allem wirtschaftlich denken mögen, sie schulden Unterhalt nach der jeweiligen Lebensstellung des Bedürftigen. Das wirkt sich auch auf die Auswahl des Pflegeheims aus. Hatten die Eltern schon immer gehobene Ansprüche, müssen sie diese nicht mit Eintritt der Pflegebedürftigkeit völlig aufgeben. Das gilt insbesondere dann, wenn die Unterhaltspflichtigen selbst in diesen Verhältnissen aufgewachsen sind und von ihnen profitiert haben.

Preis-Leistungs-Verhältnis

Natürlich ist aber auch auf ein günstiges Preis-Leistungs-Verhältnis zu achten. Unter Umständen können die Eltern sogar verpflichtet sein, ein Heim in einiger Entfernung von ihrem bisherigen Wohnort zu wählen, wenn es eine gleichwertige Betreuung zu einem günstigeren Preis als die lokalen Heime bietet. Gegebenenfalls kann sogar ein Heimplatz im Ausland in Betracht kommen. Dies alles kann aber nur verlangt werden, wenn die Eltern keine persönlichen Bindungen mehr zu ihrem Wohnort haben, weil beispielsweise ihre Angehörigen und Freunde weggezogen oder bereits verstorben sind. In der Praxis wird sich daher der „Heimtourismus" in Grenzen halten.

Tipp

Bei der Auswahl eines passenden Heims hilft der Ratgeber der Verbraucherzentrale „Gute Pflege im Heim und zu Hause" (www.vz-ratgeber.de).

Im Fall des Sozialhilferegresses stellt sich das Problem der Heimwahl in dieser Form nicht. Denn der Sozialhilfeträger übernimmt nur die Kosten von Pflegeheimen, mit denen bestimmte Absprachen bestehen, insbesondere hinsichtlich Inhalt, Umfang und Qualität der Leistungen sowie deren Vergütung. Die Vereinbarungen müssen nach § 75 Abs. 3 Satz 2

SGB XII den Grundsätzen der Wirtschaftlichkeit und Sparsamkeit entsprechen. Pflegeheimkosten, die vom Sozialamt verauslagt wurden, sind daher in aller Regel notwendig und Teil des angemessenen Lebensbedarfs der Eltern.

Taschengeld und Investitionskosten

Für Irritationen auf Heimabrechnungen können zwei Positionen sorgen: das Taschengeld und die Investitionskosten.

Anspruch auf Taschengeld

Das Taschengeld, sozialrechtlich etwas umständlich „Barbetrag zur persönlichen Verfügung" genannt, gehört neben den Pflegekosten zum notwendigen Lebensbedarf und muss von den Unterhaltspflichtigen erstattet werden. Die Höhe des Taschengeldes wird von den Familiengerichten auf 5–7 % des Einkommens des Berechtigten veranschlagt, mindestens jedoch auf ca. 100 Euro im Monat. Im Sozialrecht gibt es bestimmte Taschengeldsätze, die ebenfalls bei mindestens 100 Euro im Monat liegen. Der Anspruch auf Taschengeld hat folgenden Sinn und Zweck: Wer in einem Heim lebt, ist auf Bargeld angewiesen, damit er seine persönlichen Bedürfnisse, die von der Einrichtung nicht gedeckt werden, befriedigen kann. Dazu gehören Frisörbesuche oder Fußpflege ebenso wie Zeitschriften, Schreibmaterial und sonstige Kleinigkeiten des täglichen Lebens (z. B. kleine „Luxusaufwendungen" wie Kaffee und Geschenke). (Vgl. dazu BGH, Urteil vom 28.07.2010, Az. XII ZR 140/07.)

Investitionskosten

Anders liegt der Fall bei den Investitionsaufwendungen des Heimes. Mit ihnen werden die für seinen Betrieb notwendigen Gebäude errichtet und instand gesetzt sowie Miete, Pacht, Zinsen und Aufwendungen für die Abnutzung der Anlagegüter finanziert. Es ist nicht recht nachvollziehbar, dass diese Kosten zum Unterhaltsbedarf gehören sollen. Denn die Unterhaltspflichtigen müssen nur für den Lebensbedarf aufkommen, der der Lebensstellung der Eltern vor dem Umzug ins Heim entspricht (z.B. OLG Schleswig, Urteil vom 24.06.2003,

Az. 8 UF 153/02). Investitionsaufwendungen haben aber gerade nichts mit der Lebensführung der Eltern zu tun, schon gar nicht mit derjenigen vor der Übersiedlung ins Heim. Der Bundesgerichtshof hat aber in seinem Urteil vom 21.11.2012 (Az. XII ZR 150/10) keine grundsätzlichen Bedenken gegen die Berücksichtigung der Investitionskosten geäußert, sondern lediglich eine Angemessenheitsprüfung verlangt.

DIE PFLEGESTUFEN

Wie hoch der Lebensbedarf eines Elternteils ist, hängt maßgeblich vom Grad seiner Pflegebedürftigkeit ab. Je höher die Pflegestufe, desto höher sind die Zahlungen der Pflegekassen. Entsprechend höher ist aber in aller Regel auch die Unterdeckung, die von den Unterhaltspflichtigen aufgefangen werden muss.

Die Pflegestufen sind in § 15 SGB XI geregelt:

Umfang des Pflegebedarfs

- Pflegebedürftige der **Pflegestufe I** (erheblich Pflegebedürftige) sind Personen, die bei der Körperpflege, der Ernährung oder der Mobilität für wenigstens zwei Verrichtungen aus einem oder mehreren Bereichen mindestens einmal täglich der Hilfe bedürfen und zusätzlich mehrfach in der Woche Hilfen bei der hauswirtschaftlichen Versorgung benötigen.
- Pflegebedürftige der **Pflegestufe II** (Schwerpflegebedürftige) sind Personen, die bei der Körperpflege, der Ernährung oder der Mobilität mindestens dreimal täglich zu verschiedenen Tageszeiten der Hilfe bedürfen und zusätzlich mehrfach in der Woche Hilfen bei der hauswirtschaftlichen Versorgung benötigen.
- Pflegebedürftige der **Pflegestufe III** (Schwerstpflegebedürftige) sind Personen, die bei der Körperpflege, der Ernährung oder der Mobilität täglich rund um die Uhr, auch

nachts, der Hilfe bedürfen und zusätzlich mehrfach in der Woche Hilfen bei der hauswirtschaftlichen Versorgung benötigen.

Erforderlicher Zeitaufwand

Der Zeitaufwand, den ein Familienangehöriger oder eine andere nicht als Pflegekraft ausgebildete Pflegeperson für die erforderlichen Leistungen der Grundpflege und hauswirtschaftlichen Versorgung benötigt, muss wöchentlich im Tagesdurchschnitt

- in der **Pflegestufe I** mindestens 90 Minuten betragen; hierbei müssen auf die Grundpflege mehr als 45 Minuten entfallen;
- in der **Pflegestufe II** mindestens drei Stunden betragen; hierbei müssen auf die Grundpflege mindestens zwei Stunden entfallen;
- in der **Pflegestufe III** mindestens fünf Stunden betragen; hierbei müssen auf die Grundpflege mindestens vier Stunden entfallen.

Ob jemand pflegebedürftig und in welche Pflegestufe er einzuordnen ist, wird bei gesetzlich Versicherten durch einen Arzt oder eine Pflegekraft des Medizinischen Dienstes der Krankenversicherung (MDK) geprüft. Diese/r erstellt ein Gutachten, wie groß der Hilfebedarf in den Bereichen Körperpflege, Ernährung, Mobilität und hauswirtschaftliche Versorgung ist.

Folgende Verrichtungen werden im Einzelnen beurteilt:

- **Körperpflege:** Waschen, Duschen, Baden, die Zahnpflege, das Rasieren, die Darm- und Blasenentleerung sowie das Kämmen
- **Ernährung:** mundgerechtes Zubereiten der Nahrung und Nahrungsaufnahme

- **Mobilität:** Aufstehen und Zubettgehen, An- und Auskleiden, Gehen, Stehen und Treppensteigen sowie das Verlassen und Wiederaufsuchen der Wohnung
- **Hauswirtschaftliche Versorgung:** Einkaufen, Kochen, Spülen, das Reinigen und Beheizen der Wohnung sowie das Wechseln und Waschen der Wäsche

Die „Richtlinien der Spitzenverbände der Pflegekassen zur Begutachtung von Pflegebedürftigkeit nach dem XI. Buch des Sozialgesetzbuches" sehen für jede Verrichtung bestimmte Zeitkorridore vor. Der Gutachter kann aber im Einzelfall durchaus einen abweichenden Zeitaufwand des Versicherten feststellen.

Der Einstufungsbescheid ist dem Antragsteller schriftlich zuzustellen. Ist dieser mit der Einstufung nicht einverstanden, kann er gegen den Bescheid bei der Pflegekasse Widerspruch einlegen.

Um einen eventuellen Widerspruch begründen zu können, bietet es sich an, schon im Vorfeld der Begutachtung für einige Wochen ein Pflegetagebuch zu führen, in dem man den individuellen Bedarf des pflegebedürftigen Elternteils festhält. So kann man den vom Gutachter festgestellten Zeitaufwand mit dem tatsächlichen Zeitbedarf vergleichen. Auch eine Stellungnahme des behandelnden Arztes kann helfen.

Wird der Widerspruch negativ beschieden, ist es möglich, gegen den Widerspruchsbescheid Klage beim Sozialgericht zu erheben.

LEISTUNGEN DER PFLEGEKASSE

Wenn eine pflegebedürftige Person zu Hause gepflegt wird, erhält sie Geld, um die Pflege selbst zu organisieren. Alternativ finanziert die Pflegekasse direkt professionelle Hilfe, beispielsweise einen Pflegedienst. Ist die mit der Pflege betraute Person einmal verhindert, werden auch die Kosten für einen kurzzeitigen Ersatz erstattet. Die Pflegekasse gewährt nicht nur Leistungen für die pflegerischen Dienstleistungen, sondern finanziert oder bezuschusst auch technische Hilfsmittel, die bei der Pflege benötigt werden oder diese erleichtern. Selbst für Umbauten in der Wohnung oder dem Haus des Pflegebedürftigen gewährt die Pflegeversicherung finanzielle Zuschüsse. Kann die pflegebedürftige Person nicht zu Hause gepflegt werden, übernimmt die Pflegekasse die Kosten einer stationären Pflege, wobei der Aufenthalt in einer stationären Einrichtung, z. B. einem Pflegeheim, auf Dauer, regelmäßig nur für bestimmte Tageszeiten oder auch für einen einmaligen kurzen Zeitraum finanziell unterstützt wird.

Regelfall: Teilfinanzierung

Die Leistungen der Pflegekassen decken in aller Regel nur einen Teil des individuellen Pflegebedarfs. Häufig sind die Kosten, die nicht von der Pflegeversicherung übernommen werden, mindestens noch einmal so hoch wie die Leistungssätze der Pflegekassen. Dies bedeutet, dass beispielsweise in der Pflegestufe III mindestens ein zusätzlicher Eigenanteil von ungefähr 1.500 Euro monatlich auf Sie zukommt. Meist wird der Betrag sogar noch höher ausfallen.

PFLEGESACHLEISTUNGEN

Pflegekräfte/Pflegedienst

Finanziert oder bezuschusst die Pflegekasse geeignete Pflegekräfte, welche die Grundpflege und die hauswirtschaftliche Versorgung des Pflegbedürftigen in dessen eigenem Haushalt übernehmen, bezeichnet man dies als Pflegesachleistungen.

Ein Beispiel hierfür ist die Pflege durch einen professionellen Pflegedienst.

Höchstsätze

Die Kosten für Pflegesachleistungen sind je nach Pflegestufe begrenzt. Darüber hinausgehende Kosten muss der Bedürftige selbst tragen. Folgende Höchstsätze werden monatlich an die Pflegekräfte gezahlt:

- Pflegestufe I: 450 Euro
- Pflegestufe II: 1.100 Euro
- Pflegestufe III: 1.550 Euro

In wenigen Ausnahmefällen kann ein Betrag in Höhe von bis zu 1.918 Euro gewährt werden. Voraussetzung ist, dass die Grundpflege auch nachts nur von mehreren Personen sichergestellt werden kann und der zeitliche Umfang der Grundpflege bei Tag und bei Nacht den der Pflegestufe III (240 Minuten) erheblich übersteigt.

VERHINDERUNGSPFLEGE

Falls eine unentgeltlich tätige Pflegeperson, die den Pflegebedürftigen in der Vergangenheit mindestens sechs Monate gepflegt hat, urlaubs- oder krankheitsbedingt oder aus anderen Gründen an der Pflege gehindert ist, trägt die Pflegeversicherung die Kosten für eine Ersatzpflege. Diese ist auf maximal vier Wochen im Kalenderjahr begrenzt. Kosten werden bis zu einer Höhe von 1.550 Euro übernommen. Voraussetzung ist aber, dass die Ersatzkraft mit dem Pflegebedürftigen weder bis zum zweiten Grade verwandt oder verschwägert ist noch mit ihm in häuslicher Gemeinschaft lebt. Ansonsten wird nicht der vorgenannte Betrag gezahlt, sondern ein Betrag in Höhe des Pflegegeldes, das dem Betroffenen nach seiner Pflegestufe zustünde.

Tipp

Bei Vorlage entsprechender Nachweise übernimmt die Pflegekasse bei der Verhinderungspflege bis zu einem bestimmten Höchstbetrag auch andere Aufwendungen der Ersatzkraft, z. B. Fahrtkosten, Verdienstausfall oder Unterbringungskosten am Wohnort des Pflegebedürftigen.

PFLEGEGELD

Anspruch auf Pflegegeld

Selbst organisierte häusliche Pflege

Pflegegeld erhält auf Antrag, wer keine Pflegesachleistungen beansprucht, sondern die häusliche Pflege selbst organisiert. Bei vollstationärer Pflege in einem Heim oder einem Krankenhaus wird kein zusätzliches Pflegegeld gezahlt. Außerdem muss mindestens die Pflegestufe I festgestellt worden sein. Wie das Pflegegeld verwendet wird, bleibt dem Pflegebedürftigen (bzw. seinem Vertreter) überlassen. Er kann das Pflegegeld auch für sich selbst behalten, muss es also nicht weitergeben, es sei denn, er hätte sich hierzu vertraglich verpflichtet. Liegt Pflegebedürftigkeit vor und ist die nötige Vorversicherungszeit erfüllt, besteht der Anspruch auf Pflegegeld ab dem Zeitpunkt der Antragstellung. Eingestellt wird die Zahlung bei Wegfall der Pflegebedürftigkeit, bei Wegfall der Voraussetzungen, die zur Feststellung einer Pflegestufe geführt haben, und wenn der Pflegebedürftige stirbt. Falls der Anspruch nicht für einen vollen Monat besteht, wird er anteilig gekürzt.

Die Höhe des Pflegegeldes

Pflegesätze

Folgende Sätze werden monatlich gezahlt:

- Pflegestufe I: 235 Euro
- Pflegestufe II: 440 Euro
- Pflegestufe III: 700 Euro

Es fällt auf, dass die Sätze beim Pflegegeld erheblich niedriger ausfallen als bei den Pflegesachleistungen. Grund hierfür ist, dass das Pflegegeld als Aufwandsentschädigung für freiwillige Helfer angesehen wird, während die Pflegesachleistungen ein Entgelt für professionelle Pflege sind. Der Gesetzgeber geht davon aus, dass die Pflege gerade durch Angehörige nicht wegen einer Gewinnerzielungsabsicht erfolgt, sondern aus moralischen Gründen. Anders als bei Pflegesachleistungen ist deshalb beim Pflegegeld auch eine Erhöhung der Leistungen aufgrund eines Härtefalls nicht vorgesehen.

Pflegegeld aus der gesetzlichen Unfallversicherung

Sollte der Pflegebedürftige wegen eines Arbeitsunfalls oder einer Berufskrankheit Pflegegeld aus der gesetzlichen Unfallversicherung erhalten, geht dieses dem Pflegegeld aus der Pflegeversicherung vor. Das Pflegegeld aus der gesetzlichen Unfallversicherung wird je nach Art oder Schwere des Gesundheitsschadens sowie des Umfangs der erforderlichen Hilfe festgesetzt. Die Mindestbeträge in der gesetzlichen Unfallversicherung belaufen sich auf 318 Euro (West) und 284 Euro (Ost), die Höchstbeträge liegen bei 1.270 Euro (West) und 1.148 Euro (Ost).

KOMBINATIONSLEISTUNGEN

Pflegegeld und Pflegesachleistungen schließen sich nicht zwingend gegenseitig aus. Könnte beispielsweise die Grundpflege und die hauswirtschaftliche Versorgung durch Angehörige oder andere freiwillige Helfer erbracht werden, benötigt der Pflegebedürftige aber für bestimmte Verrichtungen dennoch professionelle Hilfe, sieht das Gesetz eine Kombination der Leistungen vor. In welchem Verhältnis Pflegesachleistungen und Pflegegeld gewährt werden, entscheidet die Pflegekasse nach dem Bedarf im Einzelfall.

STATIONÄRE PFLEGE

Teilstationäre Pflege

Einrichtungen der Tages- und Nachtpflege

Der Pflegebedürftige soll möglichst erst dann im Heim gepflegt werden, wenn es gar nicht mehr anders geht. Kann die häusliche Pflege nicht in ausreichendem Umfang sichergestellt werden oder muss sie in bestimmtem Umfang stationär ergänzt werden, haben Pflegebedürftige Anspruch auf teilstationäre Pflege. Diese wird von Einrichtungen der Tages- oder Nachtpflege bereitgestellt. Die pflegebedürftige Person wird z. B. morgens abgeholt und verbringt den Tag in einem Pflegeheim. Abends kehrt sie dann wieder nach Hause zurück.

Die Pflegeversicherung übernimmt bei der teilstationären Pflege die Pflegekosten, die Aufwendungen für die soziale Betreuung und die Aufwendungen einer notwendigen medizinischen Behandlungspflege in der Pflegeeinrichtung. Auch werden die Kosten des Transports von und zu der Pflegeeinrichtung übernommen. Verpflegungskosten muss man dagegen selbst tragen, weil diese auch bei einem Verbleib zu Hause angefallen wären. Die Höchstbeträge für die Kostenerstattung entsprechen denen der Pflegesachleistungen.

Vollstationäre Pflege

Ist eine angemessene Versorgung zu Hause gar nicht mehr möglich, hat der Pflegebedürftige Anspruch auf Aufnahme in eine vollstationäre Pflegeeinrichtung. Damit die Kosten übernommen werden, benötigen die Pflegeeinrichtungen eine Zulassung sowie einen Versorgungsvertrag mit den Pflegekassen (siehe oben S. 45 f.).

Höchstsätze

Die Kosten der Versorgung in einer vollstationären Einrichtung werden je nach Pflegestufe bis zu einem bestimmten monatlichen Höchstbetrag übernommen:

- Pflegestufe I: 1.023 Euro
- Pflegestufe II: 1.279 Euro
- Pflegestufe III: 1.550 Euro

Darüber hinausgehende Kosten muss der Bedürftige selbst tragen. In besonderen Härtefällen können Kosten bis zu 1.918 Euro übernommen werden.

Ist die Pflegekasse der Auffassung, die Unterbringung in einem Pflegeheim sei noch nicht notwendig, erhält der Bedürftige lediglich einen Zuschuss in Höhe des Maximalbetrages bei der Gewährung von Pflegesachleistungen.

Kurzzeitpflege

Vorübergehende stationäre Pflege

Anspruch auf Kurzzeitpflege besteht, wenn für eine gewisse Zeit die häusliche Pflege nicht oder noch nicht in einem angemessenen Umfang durchgeführt werden kann. Für eine Übergangzeit von maximal vier Wochen hat der Pflegebedürftige dann Anspruch auf vollstationäre Pflege, die sog. Kurzzeitpflege. Wie bei der dauerhaften vollstationären Pflege werden nur Kosten für pflegebedingte Aufwendungen, Aufwendungen der sozialen Betreuung oder Aufwendungen für Leistungen der medizinischen Behandlungspflege übernommen, nicht hingegen für Verpflegung und Unterkunft.

Anders als bei den anderen Leistungen sind die Leistungssätze der Pflegekasse bei der Kurzzeitpflege nicht von der jeweiligen Pflegestufe abhängig. Es werden Maximalbeträge von 1.550 Euro gezahlt. Härtefallregelungen sind nicht vorgesehen.

PFLEGE DURCH DAS KIND

PFLEGE ALS UNTERHALTSERSATZ

§

§ 1612 BGB Art der Unterhaltsgewährung

(1) Der Unterhalt ist durch Entrichtung einer Geldrente zu gewähren. Der Verpflichtete kann verlangen, dass ihm die Gewährung des Unterhalts in anderer Art gestattet wird, wenn besondere Gründe es rechtfertigen.

Unterhalt dient dazu, den Lebensbedarf des Bedürftigen zu sichern. Wird ein Elternteil pflegebedürftig, ist es durchaus denkbar, dass das Kind in der Lage ist, einen Teil des Bedarfs durch Naturalleistungen zu decken: Möglicherweise ist ein Kind selbst ausgebildete Pflegekraft und bietet an, den Vater zu pflegen. Oder es verfügt im Gegensatz zur pflegebedürftigen Mutter über ungenutzten Wohnraum, in dem eine häusliche Pflege möglich wäre. Ist der Elternteil schon im Pflegeheim, wird das Kind allerdings nicht mehr verlangen können, dass Pflege und Wohnung zukünftig von ihm bereitgestellt werden dürfen. Die Unterhaltsgewährung in anderer Art muss für den Bedürftigen außerdem zumutbar sein. Grundvoraussetzung ist, dass das Eltern-Kind-Verhältnis intakt ist. Machen die Eltern den Unterhalt persönlich geltend, dürfte es hieran meist fehlen.

Vorsicht

Seien Sie vorsichtig bei der Einstellung ausländischer Pflegekräfte. Auf keinen Fall sollten Sie diese „schwarz" beschäftigen, also unter Umgehung der Vorschriften zur Sozialversicherung und ggf. weiterer Arbeitsmarktbestimmungen. Denkbar ist jedoch, Pflegepersonal aus anderen Ländern legal über die Agentur für Arbeit anzufordern. Legal beschäftigt werden kann ferner, wer in Deutschland über das Entsendegesetz arbeitet oder wer als Selbstständiger die Betreuung Pflegebedürftiger anbietet.

Recht häufig kommt es vor, dass die Kinder eines Pflegebedürftigen sich zusammentun und eine Pflegekraft finanzieren, die sich ab und an rund um die Uhr um diesen kümmert. Dies ist ebenfalls ein Fall des Naturalunterhalts, weil hierdurch zumindest die Grundpflege des Elternteils sichergestellt wird.

PFLEGEVERPFLICHTUNG DES KINDES

Ein weiterer praktisch bedeutsamer Fall des Naturalunterhalts ist die Pflegevereinbarung zwischen Eltern und Kind. Oft werden in Übergabeverträge sehr oberflächliche Pflegeklauseln aufgenommen, die eine allgemeine Pflicht zu „Wart" (oder: „Aufwartung") und „Pflege" enthalten. Gemeint ist damit, dass das Kind alltägliche Besorgungen sowie die Wohnungsreinigung und die Zubereitung von Mahlzeiten zu erledigen hat, die Eltern zum Arzt fahren und ihnen Medikamente besorgen muss. Der Umfang der Verpflichtung ergibt sich hieraus nur bedingt, sodass die Klausel meist lediglich als moralischer Appell zu verstehen ist.

Eine rechtlich verbindlich gemeinte Pflegevereinbarung oder Pflegeklausel muss in etwa wie folgt aufgebaut sein:

Einführungsfall

In unserem Einführungsfall hätten Herr und Frau Meier im Zusammenhang mit der Schenkung des Grundstücks beispielsweise folgende Vereinbarung mit ihrer Tochter Heidrun treffen können:

Frau Heidrun Meier verpflichtet sich, den Eheleuten ... und ... Meier bei Krankheit und Gebrechlichkeit aufzuwarten und sie zu pflegen: Sie hat ihnen die täglichen Mahlzeiten zuzubereiten, solange dies in den von ihnen bewohnten Räumen möglich und Frau Heidrun Meier zumutbar ist. Die gesundheitlichen Ernährungsbedürfnisse der Berechtigten sind zu beachten. Frau Heidrun Meier ist ferner verpflichtet, die von den Eheleuten Meier bewohnten Räume und die Kleidung der Eheleute Meier zu reinigen, erforderliche Besorgungen, welche die Eheleute Meier nicht selbst erledigen können, zu übernehmen und sie bei Besuchen außer Haus zu unterstützen.

Die Wartungs- und Pflegeleistung gilt als unmöglich, wenn der behandelnde Hausarzt des jeweiligen Berechtigten erklärt, dass er eine stationäre Pflege für erforderlich hält. Während der Unmöglichkeit ruht die Wartungs- und Pflegeverpflichtung. Stellt der Hausarzt des Schenkers als Schiedsgutachter gemäß § 317 BGB fest, dass der Schenker dauerhaft stationär gepflegt werden muss, erlischt die Pflegeverpflichtung von Frau Heidrun Meier.

Eine Ersatzleistung, gleich welcher Art, hat Heidrun Meier weder im Fall des Ruhens noch beim Erlöschen der Wartungs- und Pflegeverpflichtung zu erbringen. Ein etwaiges Pflegegeld steht dem Schenker zu.

Sinnvoll sind bei einer Grundstücksschenkung auch Regelungen zur Sicherung der Pflegeverpflichtung im Grundbuch und dazu, wann und wie etwaige Eintragungen später wieder gelöscht werden können. Auch können Sie natürlich abweichend zu unserem Vorschlag vereinbaren, dass das pflegende Kind das Pflegegeld oder eine Leistung in gleicher Höhe erhält.

STAATLICHE ANREIZE

Die Zahlung von Pflegegeld oder einer Leistung in gleicher Höhe wäre gemäß § 3 Nr. 36 EStG übrigens steuerfrei, denn das Kind ist Angehöriger im Sinne des Einkommensteuerrechts. Der Staat hat noch weitere Anreize dafür geschaffen, dass Angehörige die Pflege übernehmen. So werden z. B. unter bestimmten Voraussetzungen Sozialversicherungsbeiträge für die pflegende Person gezahlt.

Pflegende Angehörige und ehrenamtlich pflegende Personen können kostenfrei an Pflegekursen teilnehmen.

Pflege ohne Arbeitsplatzverlust

Berufstätige Angehörige von Pflegebedürftigen haben mit der Einführung des Pflegezeitgesetzes im Jahr 2008 zudem die Möglichkeit erhalten, in Notfällen oder für längere Zeit ihre Angehörigen zu pflegen, ohne ihren Arbeitsplatz aufgeben zu müssen. Wenn ein naher Angehöriger akut pflegebedürftig wird, haben Beschäftigte danach das Recht, bis zu zehn Arbeitstage ihrer Arbeit fernzubleiben, um in dieser Zeit eine bedarfsgerechte Pflege zu organisieren oder eine pflegerische Versorgung sicherzustellen. Ferner haben sie Anspruch darauf, bis zu sechs Monate von der Arbeitsleistung ganz oder teilweise freigestellt zu werden, wenn sie einen pflegebedürftigen nahen Angehörigen in häuslicher Umgebung pflegen.

Es handelt sich dabei um eine recht kurzfristige Lösung, die für den Fall dauerhafter Pflegebedürftigkeit kaum ausreicht. Abhilfe schaffen soll hier das neue Familienpflegezeitgesetz.

DAS GESETZ ÜBER DIE FAMILIENPFLEGEZEIT

Berufstätige sollen es künftig leichter haben, kranke Angehörige zu pflegen. Das Familienpflegezeitgesetz vom 6. Dezember 2011 soll es abhängig Beschäftigten ermöglichen, ihre Arbeitszeit zugunsten der Pflege ihrer Angehörigen zu reduzieren. Ihnen soll eine gewisse Zeit lang der Spagat erspart bleiben, gleichzeitig die Pflege bewältigen und ihre Arbeitsleistung optimal erbringen zu müssen.

Reduzierung der Arbeitszeit

Die Arbeitszeit kann für maximal zwei Jahre um die Hälfte, höchstens aber auf 15 Wochenstunden, reduziert werden. Ein Rechtsanspruch auf Familienpflegezeit besteht nicht, der Arbeitgeber muss also freiwillig mitspielen. Mit reduzierter Arbeitszeit reduziert sich zwangsläufig das Einkommen. Um die Einbuße nicht zu groß werden zu lassen, wird es während der Pflegephase mithilfe des sog. Aufstockungsbetrags auf einen bestimmten Mittelwert ergänzt.

Reduziertes Einkommen

Kehrt der Arbeitnehmer aus der Pflegephase zurück, erhält er für die gleiche Zeitspanne nun trotz voller Arbeit nur das reduzierte Einkommen. Man zahlt also sozusagen die im Zuge der Pflege verlorene Arbeitszeit wieder zurück. Nach Ablauf dieser sog. Nachpflegephase wird das Arbeitsverhältnis dann fortgeführt wie vor der Pflegezeit.

Entgeltvorschuss

Faktisch handelt es sich bei den Aufstockungsleistungen der Arbeitgeber um Entgeltvorschüsse. Arbeitgeber können für diese ein zinsloses Darlehen beim Bundesamt für Familie und zivilgesellschaftliche Aufgaben in Anspruch nehmen, das sie während der Nachpflegezeit wieder abbezahlen. Um den Arbeitgeber vor finanziellen Risiken zu schützen, falls der Arbeitnehmer vor Ablauf der Nachpflegephase stirbt oder arbeitsunfähig wird, müssen Arbeitnehmer vor Beginn der Familienpflegezeit zwingend eine Familienpflegezeitversicherung abschließen.

Die praktischen Auswirkungen der Familienpflegezeit auf den Elternunterhalt sind so kurz nach Einführung des Gesetzes noch nicht absehbar. Womöglich wird sich wie vom Gesetzgeber erhofft, die Zahl der pflegenden Kinder und Angehörigen erhöhen und die Bedeutung des Naturalunterhalts (vgl. S. 55 f.) steigen.

Denkbar ist auch folgende Konstellation: Angenommen, Karin zahlt Unterhalt an ihre Eltern. Frau Meier lebt zu Hause, Herr Meier im Heim. Karin nimmt nun Familienpflegezeit in Anspruch, um die Mutter zu pflegen. Ihr Einkommen sinkt durch die Familienpflegezeit womöglich so erheblich, dass sie dem

Vater nun weniger Unterhalt zahlen kann als zuvor. Dies kann durchaus zu Diskussionen mit dem Sozialamt führen. Denkbar ist, dass es – ähnlich wie bei der Altersteilzeit – zu Diskussionen kommt, ob die Reduzierung der Arbeitszeit zulässig ist oder nicht (vgl. S. 96).

DIE BEDÜRFTIGKEIT DER ELTERN

03

Die Kinder dürfen nicht zum Unterhalt herangezogen werden, solange die Eltern über ausreichende Mittel verfügen, um ihren aktuellen Bedarf zu decken. Erst wenn ihre Finanzreserven bis auf ein gewisses Schonvermögen aufgebraucht sind, sind sie im unterhaltsrechtlichen Sinne bedürftig. Es gibt aber durchaus Situationen, in denen es wirtschaftlich sinnvoll sein kann, die Eltern schon vor Eintritt der Bedürftigkeit zu unterstützen.

§ 1602 Bedürftigkeit

(1) Unterhaltsberechtigt ist nur, wer außerstande ist, sich selbst zu unterhalten.

Die Eltern müssen ihr gesamtes Einkommen und Vermögen zur Finanzierung des eigenen Lebensbedarfs einsetzen. Nur wenn beides zusammen nicht ausreicht, um den Bedarf zu decken, können sie von ihren Kindern Unterhalt verlangen.

AUSKUNFTSPFLICHT DER ELTERN

Damit die Kinder sicher sein können, dass der Unterhaltsanspruch der Eltern tatsächlich besteht, sind die Eltern verpflichtet, ihnen Auskunft über ihre finanziellen Verhältnisse zu erteilen (§ 1605 BGB). Konkret können die Kinder verlangen, dass ihre Eltern ein umfassendes Verzeichnis ihres Einkommens und Vermögens erstellen und die Angaben belegen. Da insofern das Gleiche gilt wie für den Auskunftsanspruch der Eltern gegen die Kinder, um deren finanzielle Leistungsfähigkeit ermitteln zu können, verweisen wir im Übrigen auf die Ausführungen auf S. 87 ff.

DER EINSATZ DES EIGENEN EINKOMMENS

EIGENE EINKÜNFTE DER ELTERN

Einkommen im Sinne des Unterhaltsrechts sind alle Einkommensarten des Einkommensteuergesetzes. Wir werden hierauf auf S. 92 ff. und 110 ff. noch ausführlich eingehen. An dieser Stelle soll ein kurzer Überblick über die Besonderheiten bei der Einkommensermittlung der Eltern genügen.

Renten und Pensionen

Zu dem Zeitpunkt, in dem die Eltern üblicherweise Unterhalt beanspruchen können, erzielen sie regelmäßig keine Einkünfte mehr aus selbstständiger oder nicht selbstständiger Erwerbstätigkeit. Sie leben vielmehr von Renten und Pensionen, die sie während ihres Erwerbslebens erwirtschaftet haben. Alterseinkünfte wie diese müssen grundsätzlich in voller Höhe zur Deckung des eigenen Lebensbedarfs eingesetzt werden. Abzuziehen sind jedoch Aufwendungen für die Kranken- und Pflegeversicherung sowie ein eventueller krankheitsbedingter Mehrbedarf.

Hinsichtlich Einkünften aus Steuererstattungen, Kapital, Vermietung und Verpachtung, Wohnvorteilen etc. verweisen wir auf die Ausführungen auf S. 87 ff.

VORRANGIGE SOZIALLEISTUNGEN

Pflegegeld

Pflegegeld muss nicht für den „normalen" Lebensunterhalt eingesetzt werden, sondern soll nur den Mehraufwand infolge der Pflege decken. Der Grund: Pflegegeld fällt unter § 1610 a BGB. Da es nicht als Einkommen gilt, wird es auch nicht auf den Grund- oder Elementarbedarf angerechnet. In der Praxis, insbesondere wenn Heimpflege notwendig ist, wird zwischen dem Grund- und Mehrbedarf in aller Regel aber nicht differenziert. Da die Kinder auch für den pflegebedingten Mehrbedarf aufkommen müssen, kann das Pflegegeld ebenso auf den Gesamtbedarf angerechnet werden wie Einkommen. Zudem spielt die Unterscheidung zwischen Grund- und Mehrbedarf meist keine Rolle, weil der reale Kostenaufwand der Pflege fast immer über den Pflegegeldsätzen liegt.

Sozialleistungen aufgrund eines Körper- oder Gesundheitsschadens

Pflegerenten, Blindengeld etc.

Auch für Sozialleistungen, die Aufwendungen infolge eines Körper- oder Gesundheitsschadens abdecken sollen, wie Pfle-

Erwerbsunfähigkeitsrente

ge- und Mehrbedarfsrenten, Blindengeld oder Conterganrenten, gilt § 1610 a BGB. Bei ihnen wird also ebenfalls ohne weiteren Nachweis vermutet, dass sie nur dazu bestimmt sind, den – in diesem Fall schadensbedingten – Mehraufwand zu finanzieren, z. B. technische Hilfsmittel, Medikamente oder spezielle Nahrungsmittel. Für die allgemeine Lebensführung müssen sie folglich nicht eingesetzt werden und schmälern deshalb auch nicht den Unterhaltsbedarf. Nicht unter § 1610 a BGB fallen dagegen Schmerzensgeld, Arbeitsunfall- oder Erwerbsunfähigenrenten. Sie zählen als Einkommen und müssen zur Deckung des eigenen Unterhalts eingesetzt werden.

Grundsicherung

Unter Umständen sind Grundsicherungsleistungen (§§ 41–46 SGB XII) vom Unterhaltsbedarf abzuziehen: Auf sie haben Personen ab dem 65. Lebensjahr Anspruch sowie Volljährige, die dauerhaft voll erwerbsgemindert sind. Eine volle Erwerbsminderung liegt vor, wenn der Betroffene nicht in der Lage ist, Tätigkeiten, die auf dem allgemeinen Arbeitsmarkt von ihm gefordert würden, mindestens drei Stunden am Tag zu verrichten.

Dass Grundsicherungsleistungen den Unterhaltsbedarf des Empfängers mindern können, überrascht zunächst, denn auch diese kann der Sozialhilfeträger grundsätzlich von den unterhaltspflichtigen Angehörigen zurückfordern. Nach § 43 Abs. 2 SGB XII gilt dies jedoch nur dann, wenn das jährliche Gesamteinkommen des Kindes über 100.000 Euro liegt. Hat der Berechtigte mehrere Kinder, gilt für jedes die Grenze von 100.000 Euro gesondert.

Beachten Sie, dass nicht nur solche Grundsicherungsleistungen den Bedarf reduzieren, die Sie tatsächlich erhalten, sondern auch solche, die Sie erhalten könnten, wenn Sie denn Ihren Anspruch geltend machen würden. Wären Sie also berechtigt, entsprechende Leistungen zu beantragen, tun Sie es aber nicht, weil Sie „kein Geld vom Staat" wollen, wird Ihnen die Leistung als fiktives Einkommen angerechnet.

Wohngeld

Übliche oder erhöhte Wohnkosten?

Wohngeld ist unterhaltsrechtlich relevantes Einkommen und deckt den Lebensbedarf des Unterhaltsbedürftigen, soweit es dazu bestimmt ist, die üblichen Wohnkosten auszugleichen. Werden hingegen erhöhte Wohnkosten finanziert, ist das Wohngeld insoweit nicht als Einkommen zu berücksichtigen. Was übliche und was erhöhte Wohnkosten sind, bemisst man in der Praxis nach den Unterhaltsleitlinien der Oberlandesgerichte (dazu mehr auf S. 101 ff.). Diese legen u. a. bestimmte Bedarfssätze fest, insbesondere die Mindestbedarfssätze (Existenzminima) für bestimmte Gruppen von Unterhaltsbedürftigen. Die Leitlinien der meisten Oberlandesgerichte und die Düsseldorfer Tabelle gehen bei nicht erwerbstätigen Personen von einem Mindestbedarf von 770 Euro aus. Darin ist eine Warmmiete von 360 Euro enthalten.

Herr Müller ist monatlich auf das Existenzminimum von 770 Euro angewiesen. Er bezieht ferner Wohngeld in Höhe von 150 Euro. Miete und Heizkosten belaufen sich monatlich auf 400 Euro. Im Existenzminimum ist eine Warmmiete von 360 Euro enthalten (übliche Wohnkosten). Die Miete von Herrn Müller übersteigt den genannten Betrag um 40 Euro. Diese erhöhten Wohnkosten werden zunächst über das Wohngeld finanziert. Da dieses eine Höhe von 150 Euro hat, verbleibt ein Restbetrag von 110 Euro. Dieser Betrag ist Herrn Müller als Einkommen zuzurechnen.

Tatsächliche Miete und Heizkosten	400 €
Übliche Wohnkosten	– 360 €
Überschuss (erhöhte Wohnkosten)	40 €
Wohngeld	150 €
Überschuss (erhöhte Wohnkosten)	– 40 €
Anrechenbares Einkommen	110 €

WIEDERKEHRENDE ANSPRÜCHE GEGEN DRITTE

Ehegattenunterhalt

Zum Einkommen des Berechtigten zählt außerdem der Unterhalt, den er von seinem Ehegatten beanspruchen kann: Für den Unterhalt eines hilfebedürftigen Elternteils haftet an erster Stelle dessen Ehepartner (siehe oben S. 25 f.). Das gilt auch, wenn die Ehegatten getrennt leben oder bereits geschieden sind. (Mehr zum Ehegattenunterhalt auf S. 67 f.)

Freiwillige Zuwendungen

Macht ein nicht unterhaltspflichtiger Verwandter oder eine andere Person, die sich dem Unterhaltsberechtigten verbunden fühlt, freiwillige Zuwendungen, mindern diese den Unterhaltsbedarf dagegen nicht. Die Rechtsprechung geht bei solchen Zuwendungen davon aus, dass sie allein dem Empfänger zugutekommen sollen und nicht dessen Unterhaltsschuldner. Anders verhält es sich natürlich, wenn der Zahlende ausdrücklich etwas anderes bestimmt.

Einführungsfall

Uwe überweist Frau Meier monatlich 200 Euro von seinem Konto. In den Überweisungsbetreff schreibt er „Unterhaltsabschlag" und den Überweisungsmonat. Sollte Frau Meier tatsächlich unterhaltsbedürftig werden, müsste sie sich diese freiwillige Zahlung auf ihren Unterhaltsbedarf anrechnen lassen, weil Uwe die Anrechnung ausdrücklich gewünscht hat.

Versorgungsausgleich

Denkbar ist auch, dass der Unterhaltsberechtigte im Zuge der Scheidung von einem früheren Ehepartner einen Anspruch auf schuldrechtlichen Versorgungsausgleich erworben hat. Im Rahmen des Versorgungsausgleichs werden die Rentenanwartschaften, die Rentenpunkte, welche die Ehegatten während der Ehezeit erworben haben, ausgeglichen. Der Ausgleich findet in der Regel auf den Rentenkonten statt und führt später zu einer erhöhten oder reduzierten Rentenzahlung. Bargeld fließt hier nicht. Ist der übliche Ausgleich aber aus bestimmten Gründen nicht möglich, kann der Ausgleichsberechtigte ausnahmsweise Ersatz in Geld verlangen und zwar ab dem Zeitpunkt, in dem beide Ehepartner das Rentenalter erreicht haben. Der Verpflichtete muss dann von seiner monatlichen Rente einen bestimmten Anteil abführen.

Altenteils- oder Versorgungsvertrag

Wiederkehrende Ansprüche können sich auch aus Vertrag ergeben, etwa wenn der Unterhaltsberechtigte mit jemandem einen Altenteils- oder Versorgungsvertrag abgeschlossen hat. Zu solchen dinglichen Rechten mehr auf S. 80 ff.

UNTERHALTSANSPRUCH GEGEN DEN EHEGATTEN ODER EINGETRAGENEN LEBENSPARTNER

§ 1608 BGB Haftung des Ehegatten oder Lebenspartners

(1) Der Ehegatte des Bedürftigen haftet vor dessen Verwandten. Soweit jedoch der Ehegatte bei Berücksichtigung seiner sonstigen Verpflichtungen außerstande ist, ohne Gefährdung seines angemessenen Unterhalts den Unterhalt zu gewähren, haften die Verwandten vor dem Ehegatten. [...] Der Lebenspartner des Bedürftigen haftet in gleicher Weise wie ein Ehegatte.

Oder anders gesagt: Sofern der Ehegatte des Bedürftigen zur Leistung des Unterhalts in der Lage ist, geht der Ehegattenunterhalt dem Elternunterhalt vor. Entsprechendes gilt für den gleichgeschlechtlichen Lebenspartner in einer eingetragenen Lebenspartnerschaft. Allein aus Gründen der Übersichtlichkeit verzichten wir nachfolgend jedoch darauf, den Lebenspartner jeweils noch gesondert zu erwähnen.

Eine Ausnahme vom Vorrang des Ehegattenunterhalts gilt bei der Ersatzhaftung, auf die wir auf S. 138 ff. noch ausführlich eingehen werden: Die Kinder können nach § 1607 Abs. 2 BGB sofort in Anspruch genommen werden, wenn der Ehegatte sich der Unterhaltszahlung entzieht, sich also z. B. mutwillig „arm macht" oder sich ins Ausland absetzt.

Die unterhaltspflichtigen Kinder müssen nachvollziehen können, ob und in welcher Höhe der unterhaltsbedürftige El-

Tipp

Solange das Sozialamt die Unterhaltsverpflichtung des Ehegatten nicht hinreichend verfolgt, können Sie als Kind jede Unterhaltszahlung an den bedürftigen Elternteil verweigern.

ternteil von seinem Ehegatten Unterhalt beanspruchen kann. Ihnen muss daher nicht nur Auskunft über Einkommen und Vermögen des pflegebedürftigen Elternteils erteilt werden, sondern auch über die Einkommens- und Vermögensverhältnisse des Ehegatten.

DIE VERWERTUNG DES ELTERLICHEN VERMÖGENS

Reicht das Einkommen des Elternteils nicht aus, um seinen Lebensbedarf zu decken, muss er seinen „Vermögensstamm" für den eigenen Unterhalt einsetzen. Ob Bargeld, Sachvermögen, Immobilien, Geldanlagen oder vermögenswerte Rechte: alles ist grundsätzlich für den Unterhalt einzusetzen. Diese Pflicht hat jedoch Grenzen, wenngleich eng gesteckte. Insbesondere muss der Unterhaltsberechtigte sein Vermögen nach einem strengeren Maßstab verwerten als der Unterhaltspflichtige. Der Verbrauch, die Übertragung oder die Belastung eines Vermögensgegenstandes wird nur dann nicht verlangt, wenn dies grob unbillig wäre. Der Gegenstand wird dann „geschont". Wo die Grenze des Schonvermögens jeweils zu ziehen ist, muss von Fall zu Fall in einer umfassenden Zumutbarkeitsabwägung ermittelt werden. Die Familiengerichte folgen vielfach systemwidrig den Wertungen des Sozialrechts, namentlich dem § 90 Abs. 2 und Abs. 3 SGB XII, der regelt, welches Vermögen den Bezug von Sozialleistungen ausschließt. Diese Vorgaben werden jedenfalls von den Sozialämtern häufig kurzerhand auf das Unterhaltsrecht übertragen.

„GESCHONTE" VERMÖGENSWERTE

„Notgroschen"

Barvermögen muss grundsätzlich verbraucht werden. Laut BGH steht jedem Unterhaltsbedürftigen aber ein „Notgroschen" entsprechend dem sozialhilferechtlichen Schonbetrag gemäß § 90 Abs. 2 Nr. 9 SGB XII zu. Dieser liegt derzeit bei maximal 2.600 Euro.

Anlagevermögen

Anlagevermögen ist grundsätzlich für den eigenen Lebensbedarf einzusetzen. Dies gilt selbst dann, wenn mit der Verwertung ein Verlust einhergeht (z. B. bei Aktien oder Kapitallebensversicherungen). Nur dann, wenn die Verwertung unwirtschaftlich und grob unbillig wäre, weil in naher Zukunft fest mit einer erheblichen Wertsteigerung gerechnet werden kann, ist eine Verwertung ausnahmsweise nicht erforderlich. Gegen die Verwertung von Lebensversicherungen bestehen in der Regel keine Bedenken. Sterbegeldversicherungen und andere Vermögenswerte zur Finanzierung der Beerdigungskosten müssen hingegen nicht verwertet werden. Sie gehören gemäß § 90 Abs. 3 Satz 1 SGB XII zum Schonvermögen.

Pkw, Hausrat etc.

Hausrat in angemessenem Umfang ist nicht zu verwerten (§ 90 Abs. 2 Nr. 4 SGB XII), ebenso Gegenstände, die zur Befriedigung geistiger, insbesondere wissenschaftlicher oder künstlerischer Bedürfnisse dienen und deren Besitz kein Luxus ist. Sonstige gebrauchte Gegenstände, z. B. ein Pkw, müssen dagegen zur Finanzierung des Unterhalts eingesetzt werden. Nur wenn eine Verwertung völlig unwirtschaftlich wäre, gilt etwas anderes. Zu beachten ist hierbei, dass der wirtschaftliche Nutzen von Gebrauchsgegenständen für den Unterhaltsberechtigten oder dessen Angehörige in aller Regel den zu erwartenden Erlös beträchtlich übersteigt.

Geerbtes Vermögen

Geerbtes Vermögen ist grundsätzlich zu verwerten, soweit der Verstorbene nicht eine Zweckbestimmung vorgenommen hat. Ausgenommen sind Familien- und Erbstücke, deren Veräußerung für die nachfragende Person oder ihre Familie eine besondere Härte bedeuten würde, § 90 Abs. 2 Nr. 6 SGB XII.

Immobilien, Familienheim

Immobilien sind ganz normales Vermögen und daher ggf. zu verkaufen, um den Lebensbedarf des Bedürftigen zu sichern.

Der Verkauf von vermieteten Immobilien kann unzumutbar sein, wenn die Miete den Unterhaltsbedarf weitgehend deckt und ein Verkauf bei schlechten Marktverhältnissen gemessen am Verkehrswert einer Verschleuderung gleichkäme. Gegebenenfalls kann vom Berechtigten verlangt werden, dass er ein Darlehen aufnimmt, um seinen Lebensbedarf zu decken, auch wenn er dazu die Immobilie als Sicherheit anbieten muss. Voraussetzung ist natürlich, dass er in der Lage ist, die Darlehensraten zu bedienen.

Ein Sonderfall ist das Familienheim. Hier sieht das Sozialrecht folgende Sonderregelung vor, die in gleicher Weise für Eigentumswohnungen gilt:

§ 90 Abs. 2 Nr. 8 SGB XII

Die Sozialhilfe darf nicht abhängig gemacht werden vom Einsatz oder von der Verwertung eines angemessenen Hausgrundstücks, das von der nachfragenden Person [...] allein oder zusammen mit Angehörigen ganz oder teilweise bewohnt wird und nach ihrem Tod von ihren Angehörigen bewohnt werden soll. Die Angemessenheit bestimmt sich nach der Zahl der Bewohner, dem Wohnbedarf (zum Beispiel behinderter, blinder oder pflegebedürftiger Menschen), der Grundstücksgröße, der Hausgröße, dem Zuschnitt und der Ausstattung des Wohngebäudes sowie dem Wert des Grundstücks einschließlich des Wohngebäudes [...]

Doch Vorsicht: Die Vorschrift bestimmt lediglich, dass die Sozialhilfe nicht vom Einsatz des Familienheims abhängig gemacht werden darf. Will sich das Sozialamt dagegen seine Kosten im Wege des Unterhaltsregresses erstatten lassen, kann es das Haus sehr wohl verwerten, und zwar selbst dann, wenn der Ehegatte noch darin wohnt. Im Unterhaltsrecht gibt es eine entsprechende Regelung nämlich nicht.

VERMÖGENSVERWERTUNG BEI ZUGEWINN-GEMEINSCHAFT

„Vetorecht" des Ehepartners

Ist der Bedürftige verheiratet, benötigt er die Einwilligung seines Ehepartners, wenn er über sein Vermögen im Ganzen oder jedenfalls über den weit überwiegenden Teil seines Vermögens verfügen möchte (§ 1365 BGB). Das gilt aber nur im gesetzlichen Güterstand der Zugewinngemeinschaft, also dann, wenn die Ehepartner nicht ehevertraglich Gütertrennung oder Gütergemeinschaft vereinbart haben. Sinn dieses „Vetorechts" des Ehepartners ist, dass eine Verfügung über das Gesamtvermögen den Zugewinn, also den Ausgleich des in der Ehe erwirtschafteten Vermögenszuwachses, gefährden könnte. Einspruch darf aber nur erhoben werden, wenn dies nicht unbillig ist. Der Einspruch darf insbesondere nicht allein dem Zweck dienen, den Rückgriff des Sozialamts zu verhindern.

FORDERUNGEN UND VORRANGIGE ANSPRÜCHE AUS DINGLICHEN RECHTEN

Auch geldwerte Forderungen, etwa Schadenersatzansprüche, Ansprüche aus Kauf- oder Darlehensverträgen oder Forderungen gegen Versicherer, müssen geltend gemacht werden, um den Unterhaltsbedarf zu decken.

Einführungsfall

Herr Meier hat Heidrun für einen neuen Hausanstrich ein unbefristetes, zinsloses Darlehen von 25.000 Euro gewährt. Würde er pflegebedürftig, müsste er das Darlehen kündigen und Heidrun zur Rückzahlung auffordern.

Zu den geldwerten Forderungen gehören auch solche aus der Rückforderung oder dem Widerruf einer Schenkung. Oft wenden Eltern ihren Kindern mit Blick auf ihren Ruhestand und im Vorgriff auf den Erbfall Geld oder andere Vorteile zu: Sie unterstützen sie beim Hausbau, übertragen Grundstücke, überschreiben ihnen ihr Geschäft etc. Haben sie sich an den übertragenen Gegenständen vermögenswerte Rechte vorbehalten (Wohnrechte, Versorgungsversprechen, Leibrentenansprüche etc.), müssen die Eltern mit diesen ihren Bedarf decken, bevor sie ihre Kinder auf Unterhalt in Anspruch nehmen. Soweit rechtlich möglich, müssen die Übertragungen also rückgängig gemacht werden. Zu den Ansprüchen aus Schenkungen erfahren Sie im nächsten Kapitel mehr. Im darauffolgenden Kapitel gehen wir sodann auf Ansprüche aus dinglichen Rechten ein.

RÜCKFORDERUNG UND WIDERRUF EINER SCHENKUNG

HINTERGRUND

Wer einem anderen etwas schenkt, macht dies in aller Regel aufgrund einer gewissen Wertschätzung für den Beschenkten. Außerdem schenkt man zumeist nur etwas, von dem man meint, dass man es selbst später nicht mehr benötigt. Unter bestimmten Umständen, die wir in diesem Kapitel näher beleuchten wollen, kann der Schenker eine Schenkung aber trotzdem rückgängig machen. Der Beschenkte muss dann das Geschenk herausgeben oder dessen Wert ersetzen. Ansprüche aus der Rückabwicklung der Schenkung sind also bares Geld wert.

Aus diesem Grund überprüfen Betreuer des Pflegebedürftigen und Sozialämter mittlerweile sehr genau, ob in den letzten Jahren vor Eintritt der Bedürftigkeit Schenkungen gemacht wurden, die man im Namen des Bedürftigen wieder zurückverlangen kann. Aber auch als Unterhaltsverpflichteter können Sie fordern, dass ein Rückforderungsanspruch geltend gemacht wird, bevor Sie Unterhalt zahlen müssen. Schließlich geht es um die Frage, ob Ihre Eltern überhaupt bedürftig und auf Ihre finanzielle Unterstützung angewiesen sind.

RÜCKFORDERUNG EINER SCHENKUNG WEGEN VERARMUNG DES SCHENKERS

Die Rückforderung von Schenkungen wegen Verarmung des Schenkers (§ 528 f. BGB) ist in der Praxis von sehr großer Bedeutung: Ist jemand nicht mehr in der Lage, seinen notwendigen Lebensunterhalt aus eigenen Mitteln zu bestreiten, kann er alle Geschenke, die er in den letzten zehn Jahren vor dem Zeitpunkt der „Verarmung" gemacht hat, zurückfordern. Von der Bedürftigkeit des Schenkers ist im Falle der Überleitung des Anspruchs durch ein Sozialamt regelmäßig auszugehen.

Einführungsfall

Herr und Frau Meier haben drei Zuwendungen gemacht: Karin haben sie am Ende ihrer Schulausbildung einen Auslandsaufenthalt finanziert, Heidrun vor neun Jahren ein Baugrundstück geschenkt und Christiane den Motorradführerschein finanziert. Da die Schenkung an Karin schon länger als zehn Jahre zurückliegt, muss sie das erhaltene Geld nicht zurückzahlen. Die Zuwendungen an Heidrun und an Christiane sind hingegen noch nicht so lange her.

Was ist eine Schenkung?

Eine Schenkung im juristischen Sinn ist eine Zuwendung, für die der Zuwendende keine Gegenleistung erwartet. Gegenleistungen werden meist in Geld erbracht. Zwingend ist dies aber nicht. Wenn sich etwa ein Kind verpflichtet, die Eltern im Alter zu pflegen, ist dies „geldwert" und damit ebenfalls zu berücksichtigen. Behält sich der Schenker hingegen an einem Hausgrundstück oder einer Wohnung ein Wohn- oder Nießbrauchsrecht vor, handelt es sich rechtlich gesehen nicht um eine Gegenleistung. Es „fließt" nämlich nichts vom Empfänger an den Schenker „zurück". Vielmehr gibt der Schenker hier von vornherein nicht seine gesamten Rechte an der Immobilie auf, sodass das Geschenk schlicht kleiner ausfällt.

Angenommen, Herr Meier hätte Uwe kürzlich seinen Oldtimer Mercedes Benz zur Hälfte des Marktwerts verkauft: Handelt es sich um eine Schenkung oder einen Kaufvertrag?

Gemischte Schenkung

Die Antwort lautet: um beides! Uwe hat den Wagen teilweise gekauft und teilweise unentgeltlich erhalten. Juristen sprechen in diesem Fall von einer gemischten Schenkung. Sofern alle sonstigen Anspruchsvoraussetzungen vorliegen, könnte das Sozialamt nun von Uwe die Zahlung der Differenz zwischen Kaufpreis und Marktwert verlangen.

Herausgabe des Erlangten

Der Beschenkte muss herausgeben, was er erlangt hat, und zwar nach den Vorschriften über die Herausgabe einer „ungerechtfertigten Bereicherung" (§§ 812 ff. BGB). Uwes Vermögen hat sich um den halben Marktwert des Pkw erhöht. Es dürfte Uwe jedoch schwerfallen, seinem Schwiegervater ein halbes Auto zurückzugeben. Er muss daher Wertersatz leisten, also den Wert der Zuwendung in Geld an Herrn Meier zurückzahlen. Gleiches gilt für Heidrun, die nach ihrem Hausbau sicherlich nicht das Grundstück zurückgeben will. Sie wird es vorziehen, den Grundstückswert aus ihrem sonstigen Vermögen zu zahlen. Gegebenenfalls muss sie dafür ein Darlehen aufnehmen.

Der Beschenkte kann die Herausgabe des geschenkten Gegenstandes durch Zahlung des Betrages abwenden, den der Schenker gerade für seinen Unterhalt benötigt. Die Verpflichtung endet, wenn das „Guthaben", der erlangte Vermögenswert, aufgebraucht ist.

Mehrere Schenker

Heidrun hat das Grundstück, auf dem sie zwischenzeitlich gebaut hat, nicht nur von Herrn Meier geschenkt bekommen. Das Grundstück gehörte beiden Eltern, die Schenkung stammt also jeweils hälftig von Vater und Mutter. Herr Meier kann nur „seine" Hälfte der Schenkung zurückfordern. Das gilt auch für die Schenkungen an Karin und Christiane, die jeweils nur hälftig zurückgefordert werden könnten.

Entreicherung

Wie ist es zu bewerten, wenn sich der geschenkte Gegenstand nicht mehr im Vermögen des Beschenkten befindet? In diesem Fall kann das Geschenk weder zurückgegeben werden noch ist ein Wert vorhanden, den man ersetzen könnte. Christiane hat beispielsweise das Geld für den Führerschein verbraucht und Karin den Zuschuss zum Auslandsaufenthalt.

Ist der geschenkte Gegenstand verbraucht, muss man für ihn nur dann Wertersatz leisten, wenn sich der wirtschaftliche Wert der Schenkung trotzdem noch im Vermögen des Beschenkten befindet.

- Ein Vater bezahlt seinem Sohn die Finanzierungsraten seines Hauses: Die Vermögenslage des Sohnes hat sich wirtschaftlich (nahezu) in Höhe der Schenkung gebessert, obwohl das vom Vater jeweils überwiesene Geld verbraucht ist.
- Angenommen, Christiane hätte den Führerschein auch ohne das Geld ihrer Großeltern gemacht und sich von dem Ersparten ein gebrauchtes Moped gekauft: Den Wert des Mopeds müsste sie den bedürftigen Großeltern erstatten.
- Angenommen, Uwe hätte den Oldtimer im vorigen Beispiel weiterverkauft: An die Stelle der erlangten Zuwendung des zur Hälfte geschenkten Pkw würde wertmäßig der Anspruch auf den hälftigen Kaufpreis treten.

Wertzuwachs und Wertverlust

Herauszugeben ist maximal, was im Moment der Schenkung erlangt wurde. Hat man mit einem Geldgeschenk Zinsen erwirtschaftet, ist ein Ackergrundstück zu Bauland geworden oder hat man den geschenkten Gegenstand mit Gewinn weiterverkauft, steht der Überschuss allein dem Beschenkten zu. Hat die Sache hingegen an Wert verloren, ist grundsätzlich auch nur dieser Wert zurückzuerstatten. Heidrun muss in unserem Beispiel, wie bereits erwähnt, also nur den Wert des geschenkten Grundstücks erstatten. Am Wertzuwachs durch die Errichtung des Hauses sind die Eltern nicht zu beteiligen.

Mehrere Beschenkte

Unter mehreren Beschenkten haftet der früher Beschenkte nur insoweit, als der später Beschenkte nicht verpflichtet ist. Im Einführungsfall wurde Christiane zuletzt beschenkt, Heidrun hat das Grundstück zeitlich vor ihr bekommen. Zunächst müsste also Christiane zahlen, erst danach Heidrun.

Hat der Schenker mehrere Personen zum gleichen Zeitpunkt bedacht, kann er sich aussuchen, an welchen Beschenkten er sich mit seinen Rückforderungsansprüchen hält. Der Jurist sagt, die gleichzeitig Beschenkten haften gesamtschuldnerisch. Derjenige, der in Anspruch genommen wird, kann sich dann bei dem oder den anderen schadlos halten. Die Höhe seines Ausgleichsanspruchs richtet sich nach dem Verhältnis der jeweiligen Schenkungswerte.

Ausschluss des Rückforderungsanspruchs

Würde der Beschenkte durch die Herausgabe des Geschenks seinen „standesmäßigen" Unterhalt oder die Erfüllung seiner gesetzlichen Unterhaltspflichten gefährden, ist die Rückforderung insoweit ausgeschlossen (§ 529 Abs. 2 BGB). Bei der Frage, ob eine Gefährdung vorliegt, werden auch die sonstigen Verpflichtungen des Beschenkten berücksichtigt.

Eine Rückforderung des Geschenks kommt auch dann nicht in Betracht, wenn der Schenker aus Ärger über die frühere Großzügigkeit seine Bedürftigkeit vorsätzlich oder mutwillig herbeiführt (§ 529 Abs. 1 BGB).

Der Schenker verprasst in kürzester Zeit sein verbliebenes Vermögen in Spielcasinos und Bordellen. Er möchte auf diese Weise das Hausgrundstück zurückfordern können, das er dem Beschenkten vor fünf Jahren übereignet hat.

03

Zehnjahresfrist

Der wichtigste Ausschlussgrund ist in der Praxis aber die Zehnjahresfrist des § 529 Abs. 1 BGB: Sind seit der Schenkung zehn Jahre vergangen, ist die Rückforderung ausgeschlossen.

Läuft die Zehnjahresfrist der Schenkung bald ab, können Sie die Schenkungsrückforderung leicht verhindern, solange das Sozialamt die Forderung noch nicht auf sich übergeleitet hat. Da die Rückforderung nur möglich ist, wenn der Schenker verarmt – also unterhaltsrechtlich bedürftig – ist, sollten Sie als Beschenkter überlegen, ob Sie nicht „freiwillig" dem Heim oder dem Sozialamt den Fehlbetrag überweisen, bis die zehn Jahre abgelaufen sind. Stellen Sie nun die Zahlung ein, kann die Schenkung nicht mehr widerrufen werden, denn die Frist ist verstrichen. Allerdings sollten Sie aufpassen, dass Sie mit der Zahlung nicht gleichzeitig eine Unterhaltsverpflichtung anerkennen. Außerdem funktioniert die Taktik nur, wenn die Unterdeckung noch bezahlbar ist.

Verjährungsfrist beachten

Schließlich sei darauf hingewiesen, dass der Rückforderungsanspruch wie jeder andere Anspruch verjährt. Ab dem Eintritt der Bedürftigkeit müssen der Schenker oder das Sozialamt binnen drei Jahren auf die Erfüllung des Anspruchs ernsthaft geltend machen. Ansonsten können Sie sich als Beschenkter gegen die Rückforderung erfolgreich wehren, indem Sie die Einrede der Verjährung erheben. Beachten Sie dabei Folgendes: Haben Sie bereits etwas zur Befriedigung des verjährten Anspruchs geleistet, können Sie es nicht zurückfordern. Das gilt selbst dann, wenn Sie nichts von der Verjährung wussten (vgl. § 214 Abs. 2 BGB).

WIDERRUF EINER SCHENKUNG WEGEN GROBEN UNDANKS

Es gibt eine weitere Möglichkeit des Widerrufs einer Schenkung, die nicht den gerade beschriebenen Beschränkungen, vor allem nicht der Zehnjahresfrist, unterliegt.

§ 530 BGB Widerruf der Schenkung

(1) Eine Schenkung kann widerrufen werden, wenn sich der Beschenkte durch eine schwere Verfehlung gegen den Schenker oder einen nahen Angehörigen des Schenkers groben Undankes schuldig macht. [...]

Eine schwere Verfehlung im Sinne des Gesetzes begeht der Beschenkte, wenn er vorsätzlich und moralisch vorwerfbar den Schenker oder dessen Angehörige schlecht behandelt.

Der Beschenkte

- misshandelt den Schenker oder einen seiner Angehörigen körperlich oder
- bedroht ihn oder
- zeigt ihn grundlos bei der Polizei an oder
- verhindert, dass der Schenker sein Nießbrauchsrecht an der geschenkten Immobilie ausübt etc.

Die Verfehlungen müssen eine tadelnswerte, in grobem Maße undankbare Gesinnung erkennen lassen. Letztlich liegt es im Ermessen des Richters, ob er in einer Verfehlung mehr sieht als ein zivil- oder strafrechtlich sanktionierbares Verhalten.

Schwere Verfehlung und grober Undank

Zur Klarstellung: Schwere Verfehlung und grober Undank müssen Hand in Hand gehen. Hat der Beschenkte sich gegenüber dem Schenker nicht hinreichend dankbar gezeigt – ehrt er das Geschenk nicht gebührend, verkauft er es gar –

mag das im Einzelfall grob undankbar sein. Ein Fall des § 530 BGB ist das Verhalten aber erst dann, wenn zusätzlich eine schwere Verfehlung vorliegt. Umgekehrt genügt eine schwere Verfehlung nicht, wenn diese nicht zugleich eine undankbare Gesinnung erkennen lässt: Angenommen, der Beschenkte verprügelt den Schenker einige Jahre nach der Schenkung im Anschluss an ein Wortgefecht. Hat der Beschenkte den Schenker grundlos misshandelt, dürfte der Verfehlung zugleich eine grob undankbare Gesinnung zu entnehmen sein. Hat er hingegen Gleiches mit Gleichem vergolten, scheidet ein Schenkungswiderruf aus. Ob die Auseinandersetzung in einem inneren Zusammenhang mit der Jahre zuvor erwiesenen Großzügigkeit steht, spielt bei der Beurteilung keine Rolle.

Der Widerruf der Schenkung erfolgt durch Erklärung gegenüber dem Beschenkten.

Ausgeschlossen ist der Widerruf nach § 532 BGB allerdings dann, wenn der Schenker dem Beschenkten die Verfehlung verziehen hat. Ein Widerruf ist auch nicht mehr möglich, wenn der Schenker nicht binnen eines Jahres nach Kenntnis vom Widerrufsgrund die Schenkung widerruft oder gar ausdrücklich auf sie verzichtet.

Herr Müller überschreibt seinem Sohn im Wege der vorweggenommenen Erbfolge sein Haus und behält sich ein lebenslanges Nießbrauchsrecht vor. Einige Jahre später bekommen die beiden Streit über eine Renovierungsmaßnahme, die Herr Müller für überflüssig, der Sohn aber für dringend notwendig hält. Als Herr Müller eines Tages aus dem Urlaub zurückkommt, passt sein Schlüssel nicht mehr. Der Sohn hat die Schlösser ausgewechselt und verweigert ihm den Zutritt einige Wochen lang bis zum Abschluss der Renovierungsarbeiten. Nach mehreren Monaten „Funkstille" lädt Herr Müller seinen Sohn für ein klärendes Gespräch zum Essen ein. Zunächst entspannen sich die Verhältnisse wieder. Als sich weiterer Streit anbahnt, erklärt Herr Müller den Widerruf.

Zu einem wirklichen Verzeihen ist es hier noch nicht gekommen, allenfalls zu einem Versöhnungsversuch. Der Widerruf war zwar grundsätzlich möglich, er müsste aber auch rechtzeitig erfolgt sein. Dafür dürfte seit der Rückkehr aus dem Urlaub – dem Moment, an dem Herr Müller vom Widerrufsgrund erfahren hatte – noch kein Jahr verstrichen sein.

Schwere Verfehlung und grober Undank liegen jedenfalls vor. „Geschäftsgrundlage" der Schenkung war, dass der Vater weiter wie bisher in seinem Haus wohnen wollte. Der Sohn hat ihm die Nutzung einige Wochen lang entzogen und damit gezeigt, dass es ihm wichtiger ist, das Haus als Vermögensanlage zu erhalten, als den Willen seines Vaters zu respektieren.

DIE KAPITALISIERUNG VON DINGLICHEN RECHTEN

WANN BEHÄLT MAN SICH DINGLICHE RECHTE AN IMMOBILIEN VOR?

Herr Schulze ist selbstständiger Schlosser. Er will sich zur Ruhe setzen und seinem Sohn, der seit Jahren im Geschäft mitarbeitet, sein Grundstück samt Werkstatt überschreiben. Im ersten Stock des Geschäftshauses liegt die Privatwohnung von Herrn Schulze, in der er seit Jahrzehnten mit seiner Frau lebt. Er möchte weiterhin dort wohnen können. Er kann außerdem nicht gänzlich ohne die Einnahmen aus der Schlosserei leben.

Sehr häufig behalten sich Übergeber einer Immobilie das Recht vor, diese weiter in bestimmtem Umfang für sich zu nutzen. Die Idee: Man will das Grundstück zwar rechtlich schon dem Kind übertragen – etwa um Erbschaftssteuer zu sparen –, den bisherigen Lebensmittelpunkt deswegen aber nicht aufgeben.

Das möchte auch Herr Schulze: Gemeinsam mit seiner Frau will er weiter wie bisher und bis an sein Lebensende in der Wohnung über der Werkstatt wohnen. Er wird sich und seiner Frau deshalb ein Wohnungs- oder Wohnrecht vorbehalten, wenn es ihm vor allem darauf ankommt, die Familienwohnung weiter wie bisher für sich zu nutzen. Rechtlich ähnelt seine Stellung dann der eines Mieters, der keine Kaltmiete zahlen muss. Wenn er sich zusätzlich die Option offenhalten möchte, die Wohnung nach seinem Auszug anderen zur Verfügung zu stellen, um beispielsweise Mieteinnahmen zu erzielen, muss er sich ein weiter gehendes Recht vorbehalten, den sog. Nießbrauch.

Was ist ein dingliches Recht?

Dingliche Rechte geben ihrem Inhaber das Recht, in bestimmtem Umfang über ein Grundstück oder eine bewegliche Sache zu verfügen. Soweit das dingliche Recht reicht, kann der Inhaber von jedermann verlangen, dass er es respektiert. Vertragliche Rechte hingegen muss nur der jeweilige Vertragspartner respektieren. Man nennt dingliche Rechte daher auch absolute Rechte. Das Eigentum ist das umfassendste dingliche Recht. Weniger weitreichend sind beschränkte dingliche Rechte, zu denen u. a. das Nießbrauchsrecht gehört.

Herr Schulze möchte sich nicht nur das Recht vorbehalten, seine Wohnung weiter zu nutzen, er will außerdem den Betrieb auf seinen Sohn übertragen. Das führt uns zu einem weiteren dinglichen Recht:

Altenteilsverträge

Ein Altenteilsvertrag ist ein Rechtsgeschäft, bei dem eine Wirtschaftseinheit, also ein Bauernhof, ein kaufmännischer Betrieb, eine Werkstatt o. ä., von einer auf die nächste Generation übertragen wird. Zugleich verpflichtet sich der nachrückende Angehörige, dem „Altenteiler", der mit dem Übergang des Grundstücks ja seine Existenzgrundlage verliert, eine monatliche Leibrente zu zahlen. Die Verpflichtung zu einer solchen Altenteilsrente besteht in den meisten Fällen lebenslang, kann aber auch auf einen bestimmten Zeitraum beschränkt werden. Leibrentenansprüche können durch den Eintrag einer Reallast im Grundbuch gesichert werden. Sie gelten damit gegenüber jedem Eigentümer des Grundstücks: Wer Eigentümer des Grundstücks ist, muss dem Altenteiler die ausbedungene Leibrente zahlen.

Die Leibrente wird in der Praxis meist so bemessen, dass dem nachrückenden Angehörigen „Luft zum Atmen" bleibt. Er muss dem Übergeber der Wirtschaftseinheit nicht sofort den kompletten Wert des Betriebes auskehren, sondern braucht nur so viel zu zahlen, dass ihm noch genügend Geld für seinen eigenen Lebensbedarf und ggf. die Modernisierung des Betriebes verbleibt. Viele Altenteilsverträge sind gemischte Schenkungen (siehe oben S. 73 f.).

Versorgungszusage als Gegenleistung

Die Gegenleistung für die Übertragung eines Geschäftsbetriebes muss nicht zwingend in Geld erbracht werden. Zu typischen Gegenleistungen, die heute ein wenig aus der Mode gekommen sind, gehören Versorgungszusagen wie Pflegeverpflichtungen oder das etwas altertümliche Leibgeding, das auch Leibzucht genannt wird.

Mit einem Leibgeding übernimmt man die Verpflichtung, dem Berechtigten eine Wohnung und Nahrungsmittel zur Verfügung zu stellen, ihn zu pflegen und sich bis zu seinem Tod um ihn zu kümmern. Von diesen Versorgungszusagen spielen in der heutigen Praxis nur noch Pflegeverpflichtungen eine Rolle. Diese sind aber oftmals so oberflächlich formuliert, dass sie rechtlich kaum Bedeutung haben. Eine verbindliche Pflegeklausel haben wir Ihnen in diesem Zusammenhang oben schon vorgestellt (S. 57).

DINGLICHE RECHTE IM ELTERNUNTERHALT

Bedarfsdeckung

Geldansprüche

Geldansprüche wie solche auf eine Leibrente gehören zum Einkommen des bedürftigen Elternteils und sind damit bedarfsdeckend zu berücksichtigen. Angenommen, der Sohn von Herrn Müller aus unserem Beispielsfall würde seine Schlosserei aufgeben und das Grundstück verkaufen: Der Erwerber wäre in diesem Fall verpflichtet, die Leibrente zu übernehmen.

Nießbrauchsrecht

Auch Nießbrauchsrechte bieten keine Probleme. Der Inhaber des Rechts kann die „Früchte" der Immobilie ziehen, wie es ihm beliebt. Er kann sie selbst bewohnen, er darf sie aber auch vermieten. Er kann daher die Wohnung ohne Zustimmung des Eigentümers entgeltlich zur Nutzung überlassen. Die Einkünfte decken den Bedarf des Übergebers.

Wohnrecht und Versorgungszusage

Hatte der Übergeber sich hingegen nur ein Wohnrecht vorbehalten oder hat der Übernehmer ein Versorgungsversprechen abgegeben (Leibgeding, Pflegeverpflichtung o. ä.), ist teilweise sehr umstritten und auch noch nicht höchstrichterlich entschieden, in welchem Umfang dem Berechtigten daraus Rechte erwachsen. Einen Bedarf des Inhabers decken diese Rechte natürlich, denn sie ersparen dem Übergeber bestimmte eigene Aufwendungen, etwa für Miete oder eine Haushaltshilfe. Insofern sind die Rechte auch „geldwert". Man könnte daher überlegen, ob sich diese Rechte kapitalisieren, also in einen Geldrentenanspruch „ummünzen" lassen, wenn der Berechtigte sie – etwa infolge eines Umzugs in ein Pflegeheim – nicht mehr selbst ausüben kann.

Die Kapitalisierung von dinglichen Rechten

Die Rechtsprechung hält die Kapitalisierung grundsätzlich in zwei Fällen für denkbar (vgl. BGH, Urteil vom 19.01.2007, Az. V ZR 163/06):

- Aus dem Vertrag ergibt sich ausdrücklich oder aber im Wege der ergänzenden Auslegung, dass die Parteien eine Ersatzpflicht wollten, falls das eigentliche Recht nicht mehr ausgeübt werden kann.
- Es liegt eine Störung der Geschäftsgrundlage vor (§ 313 BGB): Eine Geschäftsgrundlage ist „gestört", wenn die Vertragsparteien sich bei Vertragsschluss bestimmte Vorstellungen gemacht haben, die nun überraschend nicht eintreten. Dann muss der Vertrag an die neuen Gegebenheiten angepasst werden. Der Berechtigte im Pflegeheim könnte etwa verlangen, dass für das nunmehr sinnlose Recht Geldersatz geleistet wird.

Sozialämter argumentieren bei Pflegeklauseln und Wohnrechten regelmäßig, dass der Umzug in ein Heim eine „Störung" der Geschäftsgrundlage sei, weil der Berechtigte – anders als ursprünglich gedacht – sein Recht nicht mehr ausüben könne. Diese Argumentation greift jedoch zu kurz: Wer sich Pflegeverpflichtungen und andere lebenslange dingliche Rechte ausbedingt, ist sich selbstverständlich der Möglichkeit bewusst, früher oder später schwer pflegebedürftig zu werden und sein Recht nicht mehr nutzen zu können. Dieses Risiko ist bei derlei Verträgen also gewissermaßen mit „eingebaut". Realisiert es sich, kann folglich von einer Störung der Geschäftsgrundlage keine Rede sein.

Kapitalisierung von Pflegeverpflichtungen

Wenn der Berechtigte die Leistung aus einer Pflegeverpflichtung nicht mehr in Anspruch nehmen kann, führt dies daher nur dann zu einem Ersatzanspruch in Geld, wenn die Vertragsparteien dies auch so gewollt hätten. Unsere Klausel auf S. 57 wäre beispielsweise nicht zu kapitalisieren: Hier ist klar ausgesprochen, dass eine Ersatzleistung gleich welcher Art nicht geschuldet ist. Man kann natürlich auch gerade das Gegenteil vereinbaren, nämlich dass ein Ersatz in Kapital zu erbringen ist. Ist nichts geregelt, wird man meist davon ausgehen können, dass die Pflicht zur „Wart und Pflege" eine höchstpersönliche

Angelegenheit ist. Eltern, die sich eine Pflegeklausel vorbehalten, wollen, dass ihr Kind (ggf. mit von ihm ausgesuchter Unterstützung) für sie da ist und eben keine wildfremde Person. Pflegeverpflichtungen dienen gerade dazu, so lange wie möglich zu verhindern, dass professionelle Pflegedienste eingeschaltet werden müssen.

Ist eine Pflegeklausel im Einzelfall doch zu kapitalisieren, muss man den Zugewinn an Freizeit und Lebensqualität, der dem ehemals Verpflichteten nunmehr zugutekommt, irgendwie in Geld ausdrücken. In der Praxis veranschlagt man einen bestimmten Zeitgewinn und multipliziert ihn mit dem angemessenen Kapitalsatz. Sozialämter bemessen den Zugewinn an Freizeit häufig nach den Vergütungsvorschriften von Zivildienstleistenden. Nach dem Wegfall des Zivildienstes werden die Ämter sich nun vermutlich an Durchschnittsverdiensten ungelernter Pflegekräfte orientieren.

Vorsicht
Entfällt der Pflegeanspruch mit dem Umzug ins Heim ersatzlos, verringert sich aber natürlich der unentgeltliche Anteil der Grundstücksübertragung. Liegt die Schenkung noch nicht zehn Jahre zurück, steigen damit auch die Schenkungsrückforderungsansprüche. Es mag daher taktisch klug sein, doch zeitweilig eine Kapitalisierung hinzunehmen, um die Rückforderung der Schenkung zu verhindern. Womöglich kann man so die Gefahr der Schenkungsrückforderung sogar auf Dauer bannen (siehe S. 76 f.).

Kann ein Wohnrecht zu Geld gemacht werden, auch wenn die Geschäftsgrundlage des Übergabevertrages nicht gestört ist und der Vertrag nichts hergibt? Der BGH hat in seinem Urteil vom 19.01.2007 (Az. V ZR 163/06) klargestellt, dass ein Wohnrecht nicht automatisch mit dem Umzug des Inhabers in ein Pflegeheim erlischt, auch wenn klar ist, dass er nicht zurückkehren wird. Denkbar wäre also, dass der Elternteil oder das Sozialamt verlangt, dass die Wohnung zugunsten des Bedürftigen vermietet wird.

Die Rechtsprechung zu dieser Frage ist ansonsten dürftig. Man wird aber wie folgt argumentieren können. Ein Wohnrecht ist ein höchstpersönliches Recht, wenn der Wohnberechtigte nicht das ganze Haus oder eine eigene abgeschlossene Wohnung bewohnte, sondern quasi mit im Haushalt des Eigentümers lebte. Dieser muss sicher nicht akzeptieren, dass anstelle des Wohnberechtigten nunmehr ein fremder Mieter bei ihm einzieht. Wenn nach Art und Lage der Räume eine Nutzung durch andere Personen hingegen ohne Beeinträchtigungen möglich wäre und der Berechtigte sich in einer existenzbedrohenden Notlage befindet, ist dagegen davon auszugehen, dass der Eigentümer zur Duldung verpflichtet ist. Die Sozialämter stellen es in diesen Fällen häufig in das Belieben des Eigentümers, ob er die Wohnung ggf. selbst nutzen will. Er schuldet dem Wohnberechtigten dann die ortsübliche Miete.

Verhandeln Sie mit dem Sozialamt!

Wenn es um die Kapitalisierung von Versorgungszusagen und Wohnrechten geht, lohnt es sich, mit dem Sozialamt zu verhandeln. Zum einen ist im Einzelfall oft umstritten, ob ein dingliches Recht überhaupt „zu Geld gemacht" werden kann. Zum anderen fehlen zur Berechnung des Ersatzanspruchs klare Vorschriften. Jedes Sozialamt hat außerdem seine eigenen Berechnungsverfahren. In einem Gerichtsverfahren müssten letztlich Sachverständige den „richtigen" Wert ermitteln, was Verfahren langwierig und teuer macht. Erfahrene Sachbearbeiter wissen das und sind hier häufig verhandlungsbereit, solange man als Verpflichteter erkennen lässt, dass man an einer gütlichen Lösung interessiert ist.

DIE LEISTUNGSFÄHIGKEIT DES KINDES

04

Niemand muss mehr Unterhalt zahlen, als er sich leisten kann. Die eigene Altersvorsorge des Kindes, dessen vorrangige Verpflichtungen und dessen angemessener Lebensbedarf dürfen durch den Elternunterhalt nicht gefährdet werden. Das folgende Kapitel beschäftigt sich damit, wie das Einkommen und Vermögen ermittelt wird, das das Kind zur Zahlung von Elternunterhalt zur Verfügung stellen kann.

§ 1603 BGB Leistungsfähigkeit

(1) Unterhaltspflichtig ist nicht, wer bei Berücksichtigung seiner sonstigen Verpflichtungen außerstande ist, ohne Gefährdung seines angemessenen Unterhalts den Unterhalt zu gewähren.

Die Leistungsfähigkeit ist abhängig vom bereinigten unterhaltsrelevanten Einkommen. Oder anders gesagt: Ob und inwieweit ein Kind zur Unterhaltszahlung verpflichtet ist, richtet sich nach seinem Einkommen und den finanziellen Verpflichtungen, die es vorrangig erfüllen muss.

AUSKUNFTSPFLICHT DES KINDES

DER AUSKUNFTSANSPRUCH

Um ihren Unterhaltsanspruch berechnen zu können, benötigen die Eltern einen detaillierten Einblick in die Einkommens- und Vermögensverhältnisse des Unterhaltsverpflichteten. Hierzu gibt ihnen das Gesetz einen weitreichenden Auskunftsanspruch:

§ 1605 BGB Auskunftspflicht

(1) Verwandte in gerader Linie sind einander verpflichtet, auf Verlangen über ihre Einkünfte und ihr Vermögen Auskunft zu erteilen, soweit dies zur Feststellung eines Unterhaltsanspruchs oder einer Unterhaltsverpflichtung erforderlich ist. Über die Höhe der Einkünfte sind auf Verlangen Belege, insbesondere Bescheinigungen des Arbeitgebers, vorzulegen. [...]

Wie oben bereits erwähnt (S. 62), bestehen Auskunftsansprüche wechselseitig: Der Unterhaltsverpflichtete hat dem Unterhaltsberechtigten ebenso Auskunft zu erteilen wie dieser ihm.

Warum Sie zur Auskunft auffordern sollten

Auch wer bereits recht genaue Vorstellungen von den Verhältnissen des Unterhaltsverpflichteten hat, sollte diesen aus folgenden Gründen dennoch zur Auskunft auffordern:

- Will man die **Unterhaltsverpflichtung mehrerer Geschwister** berechnen, ist es unabdingbar, zuvor von jedem Auskunft zu verlangen. Jedem Geschwisterkind muss genau nachgewiesen werden, warum es Unterhalt in der verlangten Höhe zahlen soll. Es kann daher auch Auskunft über Einkommen und Vermögen der Geschwister verlangen.
- Wie oben gesehen, stellt sich oft erst Monate nach dem Eintritt der Unterhaltsbedürftigkeit heraus, welcher Unterhalt gezahlt werden muss. Dabei kommt es noch nicht einmal darauf an, ob die Beteiligten sich streiten oder ob sie einvernehmlich verhandeln. Hat man Auskunft verlangt, kann man ab dem Zugang der Aufforderung nach § 1613 Abs. 1 Satz 1 BGB **Unterhalt auch für die Vergangenheit** fordern (vgl. dazu S. 28 f.).
- Wer seinen Unterhalt gerichtlich geltend machen will, trägt die **Darlegungs- und Beweislast** für seine Forderung. Das bedeutet, dass er dem Gericht zunächst detailliert erklären muss, welchen Unterhalt er auf welcher Basis begehrt. Bestreitet der Unterhaltspflichtige dann die vorgetragenen Tatsachen, auf die der Anspruch gestützt wird, muss der Berechtigte diese außerdem beweisen.

§

Erneute Auskunftserteilung?

Ist die Auskunft richtig und vollständig erteilt, hat der Verpflichtete zunächst alles getan, um seiner Auskunftspflicht nachzukommen. Er ist nicht verpflichtet, seine Angaben nunmehr laufend zu aktualisieren. Vor Ablauf von zwei Jahren muss er vielmehr nur dann erneut Auskunft erteilen, wenn glaubhaft gemacht wird, dass sich seine Verhältnisse maßgeblich verändert haben (§ 1605 Abs. 2 BGB).

UMFANG UND FORM DER AUSKUNFT

Die Auskunftspflicht erstreckt sich auf das gesamte unterhaltsrelevante Einkommen (vgl. S. 92 ff. und 110 ff.). Bei Arbeitnehmern sind die Einkünfte der letzten zwölf Monate vor Auskunftsaufforderung relevant. Gleiches gilt bei Renten- oder Pensionseinkünften. Bei anderen Einkunftsarten müssen Angaben für die letzten drei Kalenderjahre gemacht werden.

Verzeichnis und Belege

Wer zur Auskunft verpflichtet ist, hat ein übersichtliches Verzeichnis seines Einkommens und seines Vermögens vorzulegen. Der unterhaltsberechtigte Elternteil muss sich ohne großen Aufwand einen vollständigen Überblick über die Verhältnisse des Kindes machen können. Dazu gehören auch Angaben zu den Einkommens- und Vermögensverhältnissen seines Ehegatten. Ergänzend sind Belege beizubringen.

EIDESSTATTLICHE VERSICHERUNG

Hat der Auskunftsberechtigte Grund zu der Annahme, dass das Verzeichnis nicht mit der erforderlichen Sorgfalt erstellt wurde, kann er verlangen, dass der Auskunftspflichtige die Richtigkeit und Vollständigkeit seiner Auskünfte an Eides statt versichert. Die Zweifel des Auskunftsberechtigten müssen dem Gericht erläutert und ggf. glaubhaft gemacht werden.

Eine eidesstattliche Versicherung kann man bei Gericht oder einem Notar abgeben. Sie dient dazu, eigene Aussagen glaubhaft zu machen, sie also so zu bekräftigen, dass der Empfänger geneigt ist zu glauben, dass man die Wahrheit sagt. Wer eine falsche eidesstattliche Versicherung abgibt, macht sich eines schweren Vergehens strafbar, das mit Geldstrafe oder Freiheitsstrafe bis zu drei Jahren bestraft wird (§ 156 StGB).

DER AUSKUNFTSANSPRUCH IM RECHTSSTREIT

Der Auskunftsanspruch kann gerichtlich durchgesetzt werden. Insofern gilt für ihn nichts anderes als für andere zivilrechtliche Ansprüche auch. Falls also der Auskunftspflichtige trotz Fristsetzung die Auskunft nicht, nicht vollständig oder nicht formgerecht erteilt, kann man sich an das Familiengericht wenden.

Das richtige prozessuale Mittel hierzu ist der sog. Auskunfts- oder Unterhaltsstufenantrag. Mit diesem begehrt der Antragsteller nicht nur die Erteilung der Auskunft und die Vorlage von Belegen. Er behält sich außerdem vor, die Abgabe einer eidesstattlichen Erklärung zu beantragen, in welcher der Auskunftspflichtige die Richtigkeit und Vollständigkeit seiner Angaben versichert. Schließlich kündigt er an, dass der laufende Unterhaltsanspruch und Unterhaltsrückstände nach Erteilung der Auskunft beziffert werden.

DER AUSKUNFTSANSPRUCH DES SOZIALHILFETRÄGERS

Wie oben bereits gesehen, geht der Unterhaltsanspruch inklusive des unterhaltsrechtlichen Auskunftsanspruchs auf den Sozialhilfeträger über, der Leistungen für einen Hilfebedürftigen erbringt. Das ergibt sich aus § 94 Abs. 1 Satz 1 SGB XII (s. o.). Der Sozialhilfeträger kann also auch den Anspruch aus § 1605 Abs. 1 BGB auf sich überleiten und geltend machen. Dies hat er allerdings nicht nötig, denn das Sozialrecht gibt ihm einen eigenen Auskunftsanspruch:

§

§ 117 SGB XII Pflicht zur Auskunft

(1) Die Unterhaltspflichtigen, ihre nicht getrennt lebenden Ehegatten oder Lebenspartner und die Kostenersatzpflichtigen haben dem Träger der Sozialhilfe über ihre Einkommens- und Vermögensverhältnisse Auskunft zu geben, soweit die Durchführung dieses Buches es erfordert. [...]

Auskunftspflicht aufgrund Verwaltungsakts

Die Vorschrift stellt klar, dass auch der Ehegatte oder gleichgeschlechtliche Lebenspartner dem Sozialamt persönlich Auskunft erteilen muss. Im Gegensatz zum zivilrechtlichen Unterhaltsanspruch handelt es sich bei der zitierten Regelung aus dem Sozialgesetzbuch XII um einen öffentlich-rechtlichen Auskunftsanspruch. Das Sozialamt muss also nicht den Zivilrechtsweg beschreiten, sondern kann die Auskunftspflicht durch Verwaltungsakt festsetzen und aus dem Verwaltungsakt unmittelbar vollstrecken. Das bedeutet auch, dass der Unterhalts- und Auskunftspflichtige, will er sich gegen die Auskunftspflicht gegenüber dem Sozialamt wehren, Widerspruch und sodann Anfechtungsklage beim Sozialgericht erheben muss (hierzu mehr auf S. 145 ff.).

Die Anfechtung des Auskunfts-Verwaltungsakts ist allerdings selten sinnvoll, weil das Sozialamt keine hohen Anforderungen erfüllen muss, um den sozialrechtlichen Auskunftsanspruchs geltend machen zu können. Die Chance, den Prozess zu gewinnen, ist also denkbar gering.

LEISTUNGSFÄHIGKEIT DES KINDES

BEGRIFF DER LEISTUNGSFÄHIGKEIT

Ob und inwieweit ein Kind zur Unterhaltsleistung verpflichtet ist, richtet sich nach seinem Einkommen. Mit Einkommen ist weder das Bruttoeinkommen gemeint noch das Nettoeinkommen, sondern das sog. bereinigte unterhaltsrelevante Nettoeinkommen. Das bedeutet: Sonstige finanzielle Verpflichtungen des Unterhaltspflichtigen gehen dem Unterhalt vor. Das können Steuern und Sozialabgaben ebenso sein wie z. B. Mietzahlungen, ein Zeitungsabonnement, Aufwendungen für die private Altersvorsorge oder die Finanzierung eines geleasten Pkw. Unterhaltsrelevant ist nur der Teil des Einkommens, der tatsächlich frei für den Lebensunterhalt zur Verfügung steht. Nur mit diesem Teil des Einkommens kann das Kind seinen eigenen Lebensunterhalt bestreiten und auch nur dieser Teil steht für den Elternunterhalt zur Verfügung.

EINKOMMEN DES KINDES

Zum Einkommen gehören vor allem Einkünfte aus selbstständiger und nicht selbstständiger Erwerbstätigkeit, Gewerbe, Land- und Forstwirtschaft, Kapital, Vermietung und Verpachtung. Aber auch einmalige oder wiederkehrende Leistungen oder Bezüge gehören dazu, etwa

- Lohnersatzleistungen (z. B. Arbeitslosengeld I, Krankengeld, Insolvenzgeld, Elterngeld oder Übergangsgeld),
- Sozialleistungen und sonstige Leistungen privater oder öffentlicher Träger (z. B. BAföG, Pflegegeld, Wohngeld, Eigenheimzulage) und
- Steuererstattungen oder -schulden.

Die Einkünfte aus nicht selbstständiger Tätigkeit umfassen auch Einmalzahlungen wie Urlaubs- und Weihnachtsgeld, Boni und Prämien sowie regelmäßige Zuwendungen des Arbeitgebers (z. B. vermögenswirksame Leistungen). Auf weitere Einkommenspositionen gehen wir im Zusammenhang mit der Ermittlung des bereinigten Nettoeinkommens ein (S. 110 ff.).

FIKTIVE EINKÜNFTE

Begriff und Rechtfertigung

Bei der Unterhaltsberechnung spielen grundsätzlich nur Einkünfte eine Rolle, die dem Verpflichteten tatsächlich zur Verfügung stehen. Reduziert der Verpflichtete aber verantwortungslos oder leichtfertig seine Einkünfte, können diese ihm unter bestimmten Umständen fiktiv zugerechnet werden:

Dann wird so getan, als erziele er in Wirklichkeit ein höheres Einkommen. Unterhaltsverpflichtete, denen fiktive Einkünfte zugerechnet werden, müssen dann womöglich einen höheren Unterhalt zahlen, als ihnen nach ihren Einkommens- und Vermögensverhältnissen eigentlich zumutbar wäre. Dies ist nach Auffassung der Rechtsprechung verfassungsrechtlich grundsätzlich nicht zu beanstanden.

Erwerbsobliegenheit

Ist man einem Kind oder Ehegatten gegenüber zum Unterhalt verpflichtet, muss man im Rahmen des Zumutbaren alle denkbaren Einkünfte erzielen. Man muss also seine Arbeitskraft im Interesse des Unterhaltsberechtigten so gut wie möglich einsetzen, Steuervorteile nutzen, Familienzuschläge beantragen, im Kündigungsfall Abfindungen fordern, überschüssigen Wohnraum vermieten etc. Tut man dies schuldhaft nicht, wird einem der „verlorene" Betrag als fiktives Einkommen zugerechnet. Ob es beim Elternunterhalt auch eine solche Erwerbsobliegenheit gibt, ist in Rechtsprechung und Literatur umstritten. Einig ist man sich lediglich darin, dass der Elternunterhalt so wenig wie möglich in die Lebensplanung des Kindes eingreifen soll. Der Deutsche Verein für öffentliche und private Fürsorge e. V., dessen Einschätzungen für Rechtsprechung und Sozialhilfeträger von großer Bedeutung sind, hat eine Erwerbsobliegenheit des Kindes mit Blick auf den niedrigen Rang des Elternunterhalts verneint (Deutscher Verein, Empfehlungen für die Heranziehung Unterhaltspflichtiger in der Sozialhilfe vom 01.12.2008, Rn. 93, PDF-Datei abrufbar unter www.deutscher-verein.de/05-empfehlungen/sgb-xii-sozialhilfe/unterhaltsrecht). Dass sich diese Auffassung durchsetzt, halten wir jedoch für zweifelhaft. Sie sollten davon ausgehen, dass Sie zumindest eine Arbeit, die Sie einmal ausüben, nicht mutwillig wieder aufgeben dürfen. Haben Sie hingegen nicht oder nur Teilzeit gearbeitet, etwa weil Sie eine „Hausfrauenehe" geführt haben, dürfte die Aufnahme einer Erwerbstätigkeit nicht verlangt werden können. Auch die gesetzliche Vorgabe, dass Verwandte und Ehegatten wegen

04

der Betreuung eines Kindes grundsätzlich nur bis zu dessen 3. Lebensjahr von ihrer Erwerbsobliegenheit freigestellt sind, kann unserer Meinung nach nicht ohne Weiteres auf das Elternunterhaltsrecht übertragen werden.

Rechnet man dem Kind fiktive Einkünfte zu, müssen diese natürlich auch fiktiv bereinigt werden.

Fiktives Erwerbseinkommen

Einführungsfall

Karin kündigt ihren Job oder reduziert ihre Arbeitszeit, kurz bevor ihr Vater ins Pflegeheim kommt. Das Sozialamt wird ihr vorwerfen, dass sie sich illoyal verhalten hat und ihr nahelegen, wieder im bisherigen Umfang zu arbeiten. Tut sie das nicht, wird das Amt sie dennoch unterhaltsrechtlich genau so behandeln wie vor der Kündigung bzw. Reduzierung der Arbeitszeit.

Karin wäre aber kein Vorwurf zu machen, wenn sie z. B. nur deshalb gekündigt hätte, um einer berechtigten Kündigung ihres Arbeitgebers zuvorzukommen. Auch würde ihr kein fiktives Einkommen zugerechnet, wenn der Arbeitgeber eine berechtigte Kündigung ausgesprochen hätte, die Karin nicht verschuldet hat (z. B. betriebsbedingte Kündigung). Gegen eine unrechtmäßige Kündigung müsste sie Kündigungsschutzklage erheben.

Selbst verschuldete Kündigung

Anders sieht es hingegen aus, wenn die Kündigung auf ein Fehlverhalten des Unterhaltspflichtigen zurückzuführen ist. Wer seinen Arbeitgeber bestiehlt oder beleidigt oder seine Arbeit mutwillig schlecht erledigt und daraufhin seine Arbeit verliert, muss sich fiktive Einkünfte zurechnen lassen, denn ein solches Verhalten ist unterhaltsrechtlich verantwortungslos. Zumindest leichtfertig ist es, wenn man sich als Alkoholkranker nicht in Behandlung begibt und dadurch seinen Arbeitsplatz verliert oder keinen neuen findet.

Umfang der Bewerbungsbemühungen

Nimmt man entgegen unserer Auffassung an, dass auch die Kinder ihren Eltern gegenüber eine Erwerbsobliegenheit haben, stellt sich die Frage, welche Anstrengungen sie unternehmen müssen, um auf dem Arbeitsmarkt unterzukommen. Beim Kindesunterhalt und beim Ehegattenunterhalt sind Gesetz und Rechtsprechung sehr streng. Bis zu 20 Bewerbungen monatlich (!) werden erwartet, um eine Arbeit zu finden oder die aktuelle Erwerbstätigkeit zu erweitern. Können die Pflichtigen nicht nachweisen, dass sie sich ausreichend bemüht haben, wird ihnen ein fiktives Einkommen zugerechnet. Ob Anstrengungen in diesem Umfang auch beim Elternunterhalt unternommen werden müssen, ist höchst fraglich. Sicherheitshalber sollten Sie jedoch versuchen, auf 20 Bewerbungen zu kommen.

Tipp

Führen Sie Buch über Ihre Bewerbungsbemühungen: Kopieren Sie Ihre Bewerbungsschreiben, bewahren Sie die Antworten auf, protokollieren Sie bei telefonischen Bewerbungsgesprächen, mit wem Sie gesprochen haben und welches Ergebnis die Bewerbung hatte.

Die gleichen Grundsätze gelten auch bei der Altersteilzeit. Reduziert man aus Altersgründen freiwillig Arbeitsstunden und Einkommen, obwohl man unterhaltspflichtig ist oder in Kürze sein wird, kann auch dies unterhaltsrechtlich leichtfertig sein.

Sichern Sie Ihre Altersteilzeit unterhaltsrechtlich ab! Legen Sie beispielsweise Korrespondenz vor, aus der sich ergibt, dass Sie den Gang in die Teilzeit schon jahrelang geplant haben. Besorgen Sie sich ein Schreiben Ihres Hausarztes, der Ihnen empfiehlt, aus gesundheitlichen Gründen kürzerzutreten. Landesbeamte können damit argumentieren, dass sie nur noch bis 2013 die Möglichkeit haben, überhaupt eine Altersteilzeitregelung in Anspruch zu nehmen. Sollte bereits ein Sozialamt involviert sein, sollten Sie mit diesem klären, ob es Ihren Schritt in die Altersteilzeit billigt. Auch wenn Sie nicht einsehen, Ihre Lebensplanung mit dem Amt zu diskutieren, wäre es gerade in Zweifelsfällen misslich, wenn Sie mit dem Arbeitgeber eine Vereinbarung treffen würden und dann mit dem Sozialhilfeträger oder dem Familiengericht über die Zurechnung des Einkommensverlusts als fiktives Einkommen diskutieren müssten.

Der Wohnvorteil

Einführungsfall

Heidrun hatte den jahrelangen Ärger mit ihren Vermietern satt und entschloss sich daher, auf dem Grundstück, das ihre Eltern ihr geschenkt hatten, ein Eigenheim zu bauen. Dazu löste sie ihre Lebensversicherung auf. Das Haus ist für ihre Verhältnisse vielleicht etwas zu groß geraten. Mit einem Zimmer und einem Bad weniger wäre sie auch ausgekommen. Auch hätte sie auf den Whirlpool verzichten können. Für ihre bisherige Mietwohnung hatte sie bislang 500 Euro kalt bezahlt. Würde sie ihr Haus vermieten, könnte sie auf dem Wohnungsmarkt einen Kaltmietpreis von ca. 1.000 Euro verlangen.

Ortsübliche Miete

Ein besonders wichtiges Beispiel für fiktive Einkünfte ist der Wohn- oder Wohnwertvorteil: Das Kind, das keine Miete zahlen muss, weil es in einer Eigentumswohnung oder im eigenen Haus lebt, verfügt damit über einen vermögenswerten Vorteil. Dieser wird ihm als fiktives Einkommen zugerechnet. Man bemisst den Wohnvorteil in den meisten Unterhaltsverhältnissen nach der objektiven Marktmiete: einem durchschnittlichen, nach Ortslage, Größe, Zuschnitt und Ausstattung vergleichbaren Wert. Die Nebenkosten spielen hier keine Rolle. Der Wohnvorteil kann also teilweise zu einer erheblichen Erhöhung des Einkommens und damit der Leistungsfähigkeit führen. Das ist dann besonders unangenehm, wenn Haus oder Wohnung bereits abbezahlt und in gutem Zustand sind, denn dass man durch das Wohnen im eigenen Heim monatlich Miete spart, ist einem nicht ständig präsent. Man passt vielmehr seine Ausgaben und damit seinen Lebensstandard an den größeren finanziellen Spielraum an. Verlangen die Eltern nun aufgrund des Wohnwerts höheren Unterhalt, muss sich das Kind womöglich einschränken. Das ist beim Elternunterhalt nicht gewollt.

Angemessener Wohnwert

Vielmehr muss das Kind nur dann für den Unterhalt seiner Eltern aufkommen, wenn es seinen eigenen Lebensstandard dadurch nicht gefährdet. Anzusetzen ist daher nicht die ortsübliche Miete, sondern nur ein angemessener/subjektiver

Wohnwert. Wie „die unter den gegebenen Verhältnissen ersparte Miete" (BGH, Urteil vom 28.07.2010, Az. XII ZR 140/07) zu ermitteln ist, ist eine Frage des Einzelfalls. Früher hat man in der Praxis die ortsübliche Miete pauschal um ein Drittel gekürzt. Dieses Vorgehen wurde jedoch inzwischen von der höchstrichterlichen Rechtsprechung verworfen.

Die Untergrenze für den subjektiven Wohnwert ist der Anteil der Kaltmiete im notwendigen Selbstbehalt (dazu mehr auf S. 103). Bei höherem Einkommen ist er angemessen zu erhöhen. Der Anteil der Warmmiete im notwendigen Selbstbehalt beläuft sich derzeit auf 380 Euro. Auf die Kaltmiete entfallen davon 290 Euro.

Heidrun wird daran interessiert sein, dass als Wohnwert nur ihr alter Mietpreis von 500 Euro angesetzt wird. Als Argument könnte sie anführen, dass sie gemessen an ihren wirtschaftlichen Verhältnissen zu luxuriös wohnt. Oder sie beruft sich darauf, dass das Haus für sie vor allem eine Kapitalanlage ist. Ob sie mit diesen Argumenten Erfolg haben wird, ist allerdings fraglich, denn Heidrun war natürlich nicht gezwungen, sich ein solch hochwertiges Haus zu leisten. Angemessen dürfte in diesem Fall ein Wert zwischen der Kaltmiete der alten Wohnung und dem ortsüblichen Wert ihres Hauses sein, also beispielsweise ein Betrag von 700 Euro. Wäre Heidrun verheiratet oder hätte sie Kinder, wäre der Wohnvorteil weiter zu reduzieren. Kinder sind allerdings nicht voll zu berücksichtigen, sondern je nach Alter mit einem geringeren Anteil.

Wie jede andere Einkommensposition ist auch der angemessene Wohnwert um bestimmte Aufwendungen zu bereinigen. Hierzu mehr auf S. 122 f.

Haushaltsführung für einen neuen Lebensgefährten

Ein „Klassiker" in der unterhaltsrechtlichen Literatur und Rechtsprechung ist die Frage, ob und wie die Vorteile zu berücksichtigen sind, die ein Unterhaltspflichtiger dadurch hat, dass er mit einem Partner zusammenlebt. Nach höchstrichterlicher Rechtsprechung wird einem Nichterwerbstätigen, der einem Lebensgefährten den Haushalt führt, ein fiktives Einkommen in Höhe von 400 Euro zugerechnet. Hiervon zu unterscheiden sind die Fälle, in denen die Ehegatten mehr oder weniger gemeinsam den Haushalt führen (vgl. S. 106).

Taschengeld

Auch das Taschengeld des Unterhaltspflichtigen ist nach höchstrichterlicher Rechtsprechung unterhaltsrelevantes Einkommen: Ist der Unterhaltspflichtige verheiratet und erzielt er kein eigenes Einkommen, kann er für seine persönlichen Bedürfnisse 5–7 % des Nettoeinkommens seines Ehegatten als Taschengeld verlangen. Voraussetzung ist, dass der Ehegatte ein über alle Maßen gutes Einkommen erzielt. Vgl. dazu auch S. 110.

Besteht ein Taschengeldanspruch und weigert sich das Kind – in unserem Fall Karin –, ihn gegenüber dem Ehegatten einzufordern, steht es dem Sozialhilfeträger und den Eltern frei, den Anspruch gerichtlich durchsetzen und ihn anschließend zu pfänden. Adressat der Pfändung ist derjenige, der das Taschengeld zahlen muss, in unserem Fall also Karins Ehemann Uwe.

BEREINIGUNG DES EINKOMMENS

Das Einkommen kann nur um die Abzüge bereinigt werden, die berücksichtigungswürdig sind. Ob und in welchem Umfang dem so ist, muss wie so oft im Einzelfall geprüft werden. Auf die wichtigsten Bereinigungspositionen werden wir auf S. 110 ff. ausführlich eingehen.

Was berücksichtigungsfähig ist, unterscheidet sich zudem von Unterhaltsverhältnis zu Unterhaltsverhältnis. Minderjährige Kinder etwa sind besonders schutzwürdig, zu ihren Gunsten müssen ihre Eltern notfalls auf einiges verzichten. Eltern gehören in der Hierarchie der Unterhaltsberechtigten hingegen zu den weniger geschützten Personen (siehe oben S. 23 f.).

Lebenshaltungskosten

Nicht abzugsfähig sind in jedem Fall die allgemeinen Lebenshaltungskosten wie etwa Aufwendungen für Kleidung, Lebensmittel, Schulmaterialien, Miete, Nebenkosten oder Freizeitausgaben. Dies scheint auf den ersten Blick der Vorgabe des § 1603 Abs. 1 BGB zu widersprechen, dass der Unterhalt für die Eltern den Unterhalt des Pflichtigen nicht gefährden darf. Tatsächlich ist dessen angemessene Lebenshaltung aber durch den sog. Selbstbehalt abgesichert (hierzu unten mehr): Gesetz und Rechtsprechung erkennen dem Unterhaltspflichtigen einen bestimmten Mindestbetrag zu, der ihm in jedem Fall zum Leben bleiben muss. Dieser muss für alle Aufwendungen ausreichen, die nicht schon bei der Einkommensbereinigung berücksichtigt worden sind.

Standardversicherungen

Gleiches gilt für Standardversicherungen wie Unfall-, Hausrats-, Rechtsschutz- oder Haftpflichtversicherungen. Das hat der BGH erst jüngst noch einmal bestätigt (BGH, Urteil vom 28.07.2010, Az. XII ZR 140/07). Der Unterhaltsverpflichtete müsse zwar keine spürbare und dauerhafte Senkung seines Lebensstandards hinnehmen, die Prämien für diese Versicherungen seien aber in der Regel so gering, dass sich der Lebensstandard gar nicht spürbar senke, wenn man sie aus dem angemessenen Selbstbehalt finanzieren müsse.

SELBSTBEHALT DES KINDES

SELBSTBEHALT UND LEISTUNGSFÄHIGKEIT

Vom Unterhaltspflichtigen wird nicht verlangt, dass er seinen eigenen Unterhalt gefährdet, um Unterhaltsansprüche, die andere gegen ihn haben, zu erfüllen (§ 1603 Abs. 1 BGB). Man will ihn also nicht „ausbluten" lassen, sondern ihm die Möglichkeit geben, zunächst seinen eigenen Lebensbedarf zu decken: Miete, Nebenkosten, Kleidung und Lebensmittel, Versicherungen, Zeitungsabonnements und die übrigen Ausgaben des täglichen Lebens. Hierfür wird ihm ein bestimmter Geldbetrag zugebilligt, der ihm in jedem Fall verbleiben muss: der sog. Selbstbehalt. Fällt das bereinigte Einkommen geringer aus als der Selbstbehalt, ist der Unterhaltsschuldner nicht leistungsfähig. Der Berechtigte hat folglich keinen Anspruch auf Unterhalt.

Der Selbstbehalt ist keine absolute Größe. Wie hoch er jeweils ist, hängt davon ab, wem eine Person Unterhalt zahlen muss.

EXKURS: DIE DÜSSELDORFER TABELLE UND DIE UNTERHALTSLEITLINIEN DER OBERLANDESGERICHTE

Unterhaltsverhältnisse werden nicht per se gleich behandelt. Der Gesetzgeber hat vielmehr durch entsprechende Regelungen im Gesetz eine Hierarchie für sie festgelegt. Auf § 1609 BGB haben wir bereits oben hingewiesen (S. 23 f.). Weitere Regeln finden sich etwa in §§ 1603 Abs. 2, 1361 Abs. 1 und 1578 Abs. 1 BGB.

Aufgabe der Richter ist es, auf dieser Grundlage für jeden einzelnen unterhaltsrechtlichen Fall eine möglichst gerechte, jedenfalls aber rechtlich vertretbare Lösung zu finden. Zugleich ist es in der Praxis wichtig, möglichst schnell und

Düsseldorfer Tabelle

verlässlich einen angemessenen Unterhaltsbetrag zu berechnen. Man muss sich einmal vorstellen, zu welcher Unsicherheit es führen würde, wenn für jedes unterhaltsbedürftige Kind der Bedarf individuell bestimmt werden müsste. Um für Standardfälle eine zügige und möglichst einheitliche Rechtsprechung zu gewährleisten, haben sich die obersten Familiengerichte deshalb auf eine allgemeinverbindliche Richtlinie zur Unterhaltsberechnung verständigt: die Düsseldorfer Tabelle. Die Tabellenwerte werden auf Basis des jeweiligen steuerrechtlichen Kinderfreibetrags berechnet und regelmäßig aktualisiert. In einem Textanhang zur Tabelle legt das Oberlandesgericht Düsseldorf zudem weitere Grundlagen der Unterhaltsberechnung fest, insbesondere auch die Selbstbehaltssätze.

Tipp

Die Leitlinien können durchaus erheblich von der Düsseldorfer Tabelle und von den Leitlinien anderer Gerichte abweichen. Besorgen Sie sich für die eigene Unterhaltsberechnung daher unbedingt die Unterhaltsgrundsätze des Oberlandesgerichts, in dessen Bezirk Sie Ihren gewöhnlichen Aufenthalt haben. Mithilfe des Internets ist dies kein Problem. Die nötigen Fundstellen finden Sie im Anhang dieses Buches.

Den übrigen Oberlandesgerichten dient die Tabelle als Basis ihrer eigenen Unterhaltsleitlinien. Das sind Regelwerke, in denen das jeweilige Oberlandesgericht ausführt, nach welchen Grundsätzen es in seinem Bezirk den Unterhalt berechnet.

Sämtliche Leitlinien folgen einer bundeseinheitlichen Gliederung, sodass sich gut vergleichen lässt, ob und in welchen Punkten das „eigene" Oberlandesgericht von den Regelungen anderer Obergerichte abweicht.

Beachten Sie, dass weder die Düsseldorfer Tabelle noch die Unterhaltsleitlinien Gesetzeskraft besitzen. Jeder Richter kann vielmehr von ihnen abweichen, wenn er im Einzelfall dazu Anlass sieht.

DIE VERSCHIEDENEN SELBSTBEHALTSSÄTZE

Der notwendige Selbstbehalt

Minderjährige Kinder und volljährige Schüler unter 21 Jahre sind besonders schutzbedürftig. Um ihren Unterhalt sicherzustellen, müssen ihre Eltern besonders große Anstrengungen unternehmen. Sie müssen „alle verfügbaren Mittel" (§ 1603 Abs. 2 BGB) für den Unterhalt der Kinder aufwenden. Für sich selbst dürfen sie nur beanspruchen, was unbedingt notwendig ist. Das ist nach der neuesten Düsseldorfer Tabelle ein Betrag von 950 Euro. Davon entfallen 570 Euro auf den allgemeinen Lebensbedarf und 380 Euro auf den Wohnbedarf (290 Euro für Kaltmiete, 90 Euro für Nebenkosten und Heizung). Große Sprünge sind mit diesem Betrag natürlich nicht möglich. Lebt der Unterhaltsverpflichtete allein, kann er sich mit den vorgesehenen Wohnkosten wohl nur ein möbliertes Zimmer leisten. Allenfalls mit einem Partner ist eine kleine Wohnung finanzierbar.

Ist der Unterhaltspflichtige nicht erwerbstätig, ist sein Selbstbehalt sogar noch geringer. Laut Düsseldorfer Tabelle beträgt er aktuell 770 Euro. Das OLG Frankfurt nimmt in seinen aktuellen Unterhaltsgrundsätzen einen geringfügig höheren Betrag von 800 Euro an. Den notwendigen Selbstbehalt finden Sie in den Unterhaltsleitlinien unter der Ziffer 21.2.

Der angemessene Selbstbehalt von Volljährigen und Partnern

Muss der Unterhaltspflichtige nicht ausnahmsweise mit dem notwendigen Selbstbehalt auskommen, kann er gegenüber Unterhaltsberechtigten verteidigen, was seiner Lebensstellung und der des Bedürftigen „angemessen" ist:

Der angemessene Selbstbehalt gegenüber volljährigen Kindern beträgt 1.150 Euro. Davon entfallen 670 Euro auf den allgemeinen Lebensbedarf und 480 Euro auf den Wohnbedarf.

Der eheangemessene Selbstbehalt, also der Betrag, der einem gegenüber dem geschiedenen oder getrennt lebenden Ehegatten in jedem Fall verbleiben muss, liegt etwas niedriger: Ist der Pflichtige erwerbstätig, beträgt er 1.050 Euro; ist er es nicht, gilt ein Selbstbehalt von 975 Euro. Die gleichen Grundsätze sind anzuwenden, wenn ein (ehemaliger) Partner, der ein gemeinsames nichteheliches Kind betreut, Unterhalt beansprucht (vgl. § 1615 l BGB).

Der angemessene Selbstbehalt von Volljährigen und Partnern ist in den Ziffern 21.3 und 21.4 der Unterhaltsleitlinien geregelt.

Der angemessene Selbstbehalt gegenüber Eltern

Mindestselbstbehalt gegenüber Eltern

Beim Elternunterhalt hat die Rechtsprechung sich gegen einen fixen Selbstbehaltssatz entschieden. Lediglich der Mindestselbstbehalt steht fest: Er beträgt 1.600 Euro. Darin sind Kosten für Unterkunft und Heizung in Höhe von 480 Euro enthalten (370 Euro für die Kaltmiete und 110 Euro für Nebenkosten und Heizung). Vgl. dazu Ziffer 21.3.3 der Unterhaltsleitlinien.

Ein fester Selbstbehaltssatz würde Kinder mit gutem Einkommen unangemessen benachteiligen. Stünde ihr gesamtes Einkommen oberhalb des Selbstbehaltssatzes für den Unterhalt der Eltern zur Verfügung, könnte es bei hohem Unterhaltsbedarf passieren, dass das Kind einen Großteil dessen, was es sich durch eigenen Einsatz aufgebaut hat, an die Eltern abgegeben muss. Damit würde zum einen ignoriert, dass der Elternunterhalt im Unterhaltssystem rechtlich bewusst schwach ausgestaltet ist. Zum anderen würde nicht angemessen berücksichtigt, dass das Kind sich meist in seiner Lebensplanung nicht auf Unterhaltsansprüche der Eltern eingestellt hat und über Steuern und Sozialabgaben bereits zum Einkommen der älteren Generation beiträgt.

Die Rechtsprechung hat sich daher für einen variablen Selbstbehalt entschieden. Das bereinigte Einkommen, das den Mindestselbstbehalt übersteigt, steht lediglich zur Hälfte für den Elternunterhalt zur Verfügung.

Einkommensabhängiger Selbstbehaltsanteil

Einführungsfall

Angenommen, Heidrun erzielt ein bereinigtes Einkommen von monatlich 2.900 Euro. Abzüglich des Mindestselbstbehalts von 1.600 Euro verbliebe ihr ein Einkommen von 1.300 Euro. Die eine Hälfte davon (650 Euro) würden bei ihr verbleiben, die andere Hälfte könnte und müsste sie für den Unterhalt ihrer Eltern zur Verfügung stellen.

Bereinigtes Einkommen	2.900 €
Mindestselbstbehalt	– 1.600 €
Verbleibendes Einkommen	1.300 €
Einkommensabhängiger Selbstbehalt (1.300 € : 2)	– 650 €
Für den Elternunterhalt einzusetzen (1.300 € : 2)	**650 €**
Selbstbehalt insgesamt	**2.250 €**

Die Berechnung des Selbstbehalts eines verheirateten Kindes kann von diesem Grundsatz ganz erheblich abweichen. Mehr dazu sogleich.

ABWEICHUNGEN VOM SELBSTBEHALT

Der Selbstbehalt ist nicht in Stein gemeißelt, sondern kann durchaus nach oben oder unten angepasst werden.

Ersparte Wohnkosten

Unterschreiten die Wohnkosten den Satz für Kosten von Unterkunft und Heizung im jeweiligen Selbstbehalt, kann dieser entsprechend reduziert werden. Umgekehrt ist im Einzelfall eine leichte Anhebung des Satzes denkbar, wenn ein Wohnen zum vorgesehenen Satz nachweislich auf keinen Fall möglich ist.

Vorteile des Zusammenlebens

Dass man Aufwendungen erspart, wenn man mit einem Partner zusammenwohnt, dürfte unstreitig sein. Diese Ersparnis wird bei der Bemessung des Selbstbehalts berücksichtigt. Lebt der Unterhaltspflichtige mit einem leistungsfähigen nichtehelichen Lebenspartner oder Ehegatten zusammen, werden vom Selbstbehalt in der Regel 10 % abgezogen (vgl. z. B. Ziffer 21.5.3 der SüdL). Den Selbstbehalt zu reduzieren ist ein weit praktikablerer Weg, die Vorteile des Zusammenlebens zu berücksichtigen, als einfach ein fiktives Einkommen für den nicht erwerbstätigen Partner anzusetzen (siehe oben S. 99).

Der Familienselbstbehalt

Nichterwerbstätiger Ehegatte

Ist der Ehegatte des unterhaltspflichtigen Kindes nicht erwerbstätig, hat sein Unterhalt Vorrang vor dem der Eltern (s. o.). Oder anders gesagt: Sein Unterhalt reduziert das Einkommen des Kindes, das für den Elternunterhalt zur Verfügung steht. Eine Anpassung des Selbstbehalts ist in diesem Fall nicht notwendig.

Erwerbstätiger Ehegatte

Tragen hingegen beide Eheleute zum Unterhalt der Familie bei, kann sich das auf die Berechnung des Elternunterhalts erheblich auswirken. Die folgende Berechnung ist recht kompliziert, in der Praxis aber sehr relevant. Wir werden sie unten daher ausführlich darstellen. Kürzlich hat sich auch der BGH in seinem sehr gut lesbaren Urteil vom 28.07.2010 (Az. XII ZR 140/07) der Problematik angenommen.

Mindestselbstbehalt

Ausgangspunkt der Berechnung ist der Mindestselbstbehalt der Familie: Das Kind hat wie oben gesehen einen eigenen Mindestbedarf von 1.600 Euro. Für seinen Ehegatten werden mindestens 1.280 Euro angesetzt. Hieraus ergibt sich ein Gesamtbedarf von mindestens 2.880 Euro für das Ehepaar. Erzielen die Ehegatten ein höheres Einkommen als diesen Mindestselbstbehalt, wird zunächst von der Differenz der Vorteil des

Individueller Familienselbstbehalt

Zusammenlebens von 10 % abgezogen. Die Hälfte des verbleibenden Betrages steht für den Elternunterhalt zur Verfügung, die andere Hälfte ist der „individuelle Familienselbstbehalt", der bei den Ehegatten verbleibt.

04

Zum Familienunterhalt sind beide Ehegatten nach dem Verhältnis ihrer Einkünfte verpflichtet. Auch am individuellen Familienselbstbehalt sind beide je nach ihren Möglichkeiten beteiligt. Hat das unterhaltspflichtige Kind ein verhältnismäßig geringes Einkommen, kann sein Anteil am individuellen Selbstbehalt der Familie so gering sein, dass der Mindestselbstbehalt von 1.500 Euro unterschritten wird.

Einführungsfall

Angenommen, Karin erzielt nach Abzug des Kindesunterhalts ein bereinigtes unterhaltsrelevantes Einkommen von 1.565 Euro, Uwe eines von 3.400 Euro. Das Familieneinkommen von 4.965 Euro übersteigt den Mindestselbstbehalt von 2.880 Euro um 2.085 Euro. Dieser Betrag ist um den Vorteil des Zusammenlebens zu bereinigen, die häusliche Ersparnis von 10 % (s. o.). Das sind 208,50 Euro. Der Rest des überschießenden Betrages (1.876,50 Euro) steht hälftig, also zu 938,25 Euro für den Elternunterhalt und zu 938,25 Euro Uwe und Karin für ihre Lebensgestaltung zur Verfügung: Der Betrag von 938,25 Euro ist dem Mindestbedarf von 2.880 Euro hinzuzurechnen. Der individuelle Familienselbstbehalt beträgt also insgesamt 3.818,25 Euro. Karins Anteil daran entspricht ihrem Anteil am Gesamteinkommen der Familie. Zum Familieneinkommen von 4.965 Euro trägt Uwe 68 % bei, Karin 32 %. Karin stehen vom Familienselbstbehalt von 3.818,25 Euro also auch 32 %, mithin 1.222 Euro zu.

Bereinigtes Einkommen Karin (32 % des Familieneinkommens)	1.565 €
Bereinigtes Einkommen Uwe (68 % des Familieneinkommens)	+ 3.400 €
Familieneinkommen	**4.965 €**
Mindestselbstbehalt Karin	– 1.600 €
Mindestselbstbehalt Ehegatte (Uwe)	– 1.280 €
	2.085 €
Vorteil des Zusammenlebens (10 %)	– 208,50 €
Verbleibendes Einkommen	1.876,50 €

Einkommensabhängiger Familienselbstbehalt (1.876,50 € : 2)	938,25 €
Für den Elternunterhalt einzusetzen (1.876,50 € : 2)	938,25 €
Familienselbstbehalt insgesamt (1.600 € + 1.280 € + 938,25 €)	3.818,25 €
Karins Anteil (32 %)	1.222 €
Uwes Anteil (68 %)	2.596 €

Welcher Betrag steht nun für den Unterhalt von Herrn Meier zur Verfügung? Karin verdient monatlich 1.565 Euro; nach Abzug des Selbstbehalts von 1.222 Euro verbleibt eine Differenz von 343 Euro. Diesen Betrag kann Herr Meier beanspruchen, auch wenn Karin damit den üblichen angemessenen Selbstbehalt im Elternunterhaltsrecht von 1.600 Euro deutlich unterschreitet.

Karins Anteil am Familieneinkommen (32%)	1.565 €
Karins Anteil am Familienselbstbehalt (32 %)	– 1.222 €
Zu zahlender Elternunterhalt	**343 €**

Angenommen, Uwe wäre seinen Eltern zum Unterhalt verpflichtet. Uwes Anteil am Familienselbstbehalt von 3.818,25 Euro beträgt 68 %, also 2.596 Euro. Uwe erzielt ein Einkommen von 3.400 Euro. Für seine Eltern stünden also 804 Euro zur Verfügung.

Uwes Anteil am Familieneinkommen (68 %)	3.400 €
Uwes Anteil am Familienelbstbehalt (68 %)	– 2.596 €
Zu zahlender Elternunterhalt	**804 €**

Bei der Berechnung des Familienselbstbehalts und des jeweiligen Anteils der Ehegatten an diesem Betrag verschieben sich zwar die Selbstbehaltssätze aufgrund einer Gesamtbilanz des Familieneinkommens, jeder erhält aber aus der Haushaltskasse nur das, was ihm aufgrund seines Einkommens tatsächlich zusteht. Den Unterhalt von Herrn Meier bezahlt also Karin allein aus ihrem Einkommen. Uwe zahlt nur den Unterhalt seiner eigenen Eltern.

Die „verdeckte Schwiegerkindhaftung"

Einführungsfall (Fortsetzung)

Was wäre, wenn Karin ein bereinigtes Einkommen von 500 Euro erzielen würde, Uwe aber eines von 5.400 Euro?

Nach der obigen Rechnung wäre der Mindestbedarf der Familie um 3.020 Euro überschritten. Abzüglich Haushaltsersparnis von 10 % (302 Euro) verbliebe ein Betrag von 2.718 Euro. Die Hälfte davon sind 1.359 Euro. Der individuelle Selbstbehalt der Familie betrüge 1.359 Euro + 2.880 Euro = 4.239 Euro. Hieran hätte Karin einen Anteil von 8 % (339 Euro) und Uwe von 92 % (3.900 Euro). Für Herrn Meier stünde von Karins Einkommen (500 Euro) also ein Betrag von 161 Euro zur Verfügung.

Unterhalt aus dem Familieneinkommen

Hier greift allerdings ein Grundsatz, den der BGH mit Urteil vom 17.12.2003 (Az. XII ZR 242/00) aufgestellt hat. Uwe verdient in unserem Beispiel so gut, dass er ohne Probleme den Familienmindestbedarf von 2.880 Euro zweimal finanzieren könnte. Außerdem erzielt er ein Einkommen, das dem Einkommen der letzten Einkommensgruppe der Düsseldorfer Tabelle nicht nur entspricht, sondern dieses sogar übersteigt. Dadurch ist der Familienbedarf beider Ehegatten in maximaler Höhe gedeckt, sodass Karin ihr gesamtes Einkommen von 500 Euro für den Unterhalt ihres Vaters einsetzen kann.

Dies als „verdeckte Schwiegerkindhaftung" zu bezeichnen, ist vielleicht etwas provokant, doch in der Tat wird hier der Grundsatz durchbrochen, dass der Elternunterhaltsanspruch immer nur aus dem Einkommen des eigenen Kindes bestritten wird. 161 Euro des Unterhalts von Herrn Meier stammen aus dem Anteil von Karin am Familieneinkommen. Die weiteren 339 Euro werden aber aus dem Familienselbstbehalt und damit anteilig auch von Uwe finanziert.

Karin muss die zusätzlichen 339 Euro nur dann nicht bezahlen, wenn diese etwa aufgrund von Schulden oder eines anderen außergewöhnlichen Bedarfs unbedingt für den Familienbedarf gebraucht werden.

Noch einmal: Taschengeldanspruch

Wäre Karin nicht erwerbstätig, könnte sie von Uwe ein Taschengeld von 5–7 % seines Einkommens von 5.400 Euro verlangen (siehe oben), also zwischen 270 und 378 Euro. Diesen Anspruch müsste sie durchsetzen und das Taschengeld an die Eltern oder das Sozialamt auskehren. Sie müsste aber nicht das gesamte Taschengeld einsetzen, ihr stünde ein gewisses Mindesttaschengeld zu (Bundesgerichtshof, Urteil vom 12.12.2012, Az. XII ZR 43/11): 5–7 % des Mindestselbstbehalts von 1.600 Euro (also zwischen 80 und 112 Euro) verbleiben dem Unterhaltspflichtigen, außerdem die Hälfte des darüber hinausgehenden Taschengelds.

Angenommen, Karin hätte Anspruch auf ein Taschengeld von 324 Euro und einen Mindesttaschengeldanspruch von 96 Euro. Die Differenz beträgt 228 Euro. Karin dürfte daher insgesamt 210 Euro behalten. 114 Euro müsste sie für den Elternunterhalt einsetzen.

ERMITTLUNG DES BEREINIGTEN NETTOEINKOMMENS

Wie bereits angesprochen, ist die Grundlage der Unterhaltsberechnung das bereinigte Nettoeinkommen des unterhaltspflichtigen Kindes. In diesem Kapitel werden wir ausführlich auf einige besonders praxisrelevante Einkommenspositionen und deren Bereinigung eingehen.

ERWERBSEINKOMMEN

Zunächst wird das durchschnittliche Bruttoeinkommen des Pflichtigen ermittelt, das er in einem Zeitraum von zwölf Monaten erzielt hat. Der Grund für die Durchschnittsberechnung ist zum einen, dass man auf diese Art Schwankungen des Einkommens berücksichtigen kann. Zum anderen werden einmalige Zuwendungen wie Weihnachts- und Urlaubsgeld sowie

Prämien und Boni auf diese Weise auf das monatliche Durchschnittseinkommen umgelegt.

Tipp

Auch wenn bestimmte Abzugspositionen nach Auffassung der Gerichte nicht berücksichtigungsfähig sein sollten, raten wir dazu, gegenüber dem Sozialhilfeträger jede Belastung anzugeben, die Sie persönlich für relevant halten. Möglicherweise wird sie aufgrund der internen Anweisungen Ihres Sozialamts doch berücksichtigt. Oder sie wird schlicht versehentlich anerkannt: So akzeptieren die Ämter bei der Prüfung von Sozialhilfeanträgen häufig Versicherungsprämien als Abzugsposten. Sachbearbeiter des Sozialamts übertragen diese Anweisung nicht selten – fälschlicherweise – auch auf die Ermittlung der Leistungsfähigkeit des unterhaltspflichtigen Kindes.

Den gängigen Kommentaren zum Verwandtenunterhalt ist zu entnehmen, dass Einkünfte, die das reguläre Einkommen des vollerwerbstätigen Kindes übersteigen, grundsätzlich voll berücksichtigt werden müssen. Gemeint sind beispielsweise Überstunden, wenn sie in dem ausgeübten Beruf üblich sind und regelmäßig anfallen, oder Einkünfte, die neben einer vollschichtigen Erwerbstätigkeit erzielt werden. Auch Erwerbseinkommen, das ein Rentner erzielt, kann „überobligatorisch" sein (BGH, Urteil vom 31.10.2012, Az. XII ZR 30/10). Beachtet werden muss, dass das Verwandtenunterhaltsrecht maßgeblich durch die recht strenge Rechtsprechung zum Kindesunterhalt geprägt ist. Von diesem unterscheidet sich der Elternunterhalt in wesentlichen Punkten. Er hat nicht nur einen recht niedrigen Rang (siehe oben S. 23 f.), sondern wird auch durch die unsichere Rechtslage hinsichtlich der Erwerbsobliegenheit des Kindes geprägt (siehe oben S. 94 f.). Das heißt aber nach Auffassung des BGH im oben genannten Urteil nicht zwingend, dass „überobligatorische" Einkünfte bei der Berechnung des Elternunterhalts komplett außer Betracht bleiben. Ob sie gegebenenfalls teilweise berücksichtigt werden, ist Gegenstand einer Billigkeitsprüfung.

Einkünfte aus „überobligatorischer" Arbeit

Bei Selbstständigen ist das Durchschnittseinkommen der letzten drei Jahre auf Grundlage der Bilanzen bzw. Einnahmen-Überschuss-Rechnungen zu bilden. Schwankt das Einkommen sehr stark, erhöht sich der Zeitraum auf fünf Jahre.

Selbstständige

Hinsichtlich der Bereinigung des Einkommens gelten bei Angestellten und Selbstständigen dieselben Grundsätze. Selbstständige dürfen aber natürlich solche Posten nicht doppelt abziehen, die schon in ihre Jahresabschlüsse eingeflossen sind, etwa Fahrtkosten und die Anschaffung von Betriebsmitteln.

STEUERN, SOZIALABGABEN, VORSORGE-AUFWENDUNGEN

Vom durchschnittlichen Bruttoeinkommen sind zunächst die Steuern und Sozialabgaben abzuziehen.

Einführungsfall

Da Uwe ein deutlich höheres Einkommen hat als Karin, haben sie beschlossen, dass Karin ihr Einkommen nach Steuerklasse V versteuert und Uwe seines nach Klasse III. Uwe profitiert daher von einem besonders geringen Steuerabzug, während Karins Einkommen durch Steuern erheblich gemindert wird. Das Sozialamt berücksichtigt bei Karin nur einen Abzug nach Steuerklasse IV. Ist das korrekt?

In der Tat, denn reduziert der Pflichtige sein Einkommen durch die Wahl der ungünstigen Steuerklasse V, muss fiktiv die Steuer für die Klasse IV berechnet werden. Nur diese ist bei der Einkommensbereinigung zu berücksichtigen. Mit gängigen Internetrechnern oder Computerprogrammen ist diese Berechnung unproblematisch möglich.

Steuererstattungen oder -nachzahlungen erhöhen oder senken das Nettoeinkommen des Pflichtigen. Sie sind in der Regel in dem Kalenderjahr zu berücksichtigen, in dem sie dem Kind zugeflossen sind.

Einführungsfall

Heidrun erhält am 01.03.2013 eine Steuerrückzahlung für das Jahr 2012 von 870 Euro. Ein ähnlicher Betrag wurde ihr auch in den Steuerjahren zuvor erstattet. Die Rückzahlung ist auf ihr monatliches Durchschnittseinkommen umzulegen, also durch 12 (Monate) zu dividieren: Ihr Einkommen erhöht sich um monatlich 72,50 Euro.

Ist die Erstattung aus dem letzten Steuerjahr auf einen einmaligen Sachverhalt zurückzuführen, etwa besonders hohe Fortbildungs- oder Gesundheitskosten, können statt des Erstattungsbetrages aus diesem Steuerjahr die durchschnittlichen Erstattungen aus den Vorjahren herangezogen werden.

Bei verheirateten Unterhaltspflichtigen muss mit einem Steuerprogramm oder vom Steuerberater errechnet werden, wie groß der Anteil des Unterhaltspflichtigen an der Nachzahlung oder der Erstattung ist, die bei der gemeinsamen Veranlagung entstanden ist.

Unterlässt es das Kind, Steuervorteile in Anspruch zu nehmen, kann im Zusammenhang mit der Unterhaltsberechnung auch eine fiktive Steuererstattung sein Einkommen erhöhen.

Sozialabgaben und Vorsorgeaufwendungen

Ferner sind die Ausgaben für die Kranken- und Pflegeversicherung, die Arbeitslosenversicherung sowie die gesetzliche Altersvorsorge abzugsfähig. Zusätzliche Krankenversicherungen, Aufwendungen für eine private Pflegeversicherung und andere Vorsorgeaufwendungen wie Hausrats-, Unfall- oder Haftpflichtversicherung sind dagegen aus dem Selbstbehalt zu bestreiten, können also nicht als Bereinigungsposten angesetzt werden (vgl. S. 99 f.). Zur Altersvorsorge vgl. unten S. 110 ff.

BERUFSBEDINGTE AUFWENDUNGEN

Wichtigster sonstiger Bereinigungsposten beim Erwerbseinkommen von Angestellten und anderen abhängig Beschäftigten sind die sog. berufsbedingten Aufwendungen. Die meisten Oberlandesgerichte erkennen in Ziffer 10.2 ihrer jeweiligen Unterhaltsleitlinien grundsätzlich einen pauschalen Abzug von berufsbedingten Aufwendungen an, sofern diese klar von privaten Aufwendungen abzugrenzen sind. Es gibt aber Ausnahmen. Das OLG Bremen beispielsweise erkennt grundsätzlich nur den Abzug konkret nachgewiesener Aufwendungen an.

Stellvertretend für die meisten anderen Oberlandesgerichte:

Unterhaltsrechtliche Leitlinien der Familiensenate in Süddeutschland (SüdL), Ziffer 10.2.1 (Fundstelle im Anhang)
„Bei Vorliegen entsprechender Anhaltspunkte kann eine Pauschale von 5 % des Nettoeinkommens (maximal 150 Euro) abgesetzt werden. Diese Pauschale wird vom Nettoeinkommen vor Abzug von Schulden und besonderen Belastungen abgezogen. Übersteigen die berufsbedingten Aufwendungen diese Pauschale, so sind sie im Einzelnen darzulegen."

Die 5 %-Pauschale und die „Deckelung" des pauschalen Abzugs auf 150 Euro sind allen OLG-Leitlinien, die den pauschalen Abzug vorsehen, gemeinsam. Waren die berufsbedingten Aufwendungen höher als 150 Euro und gibt es dafür Belege, kann auch ein höherer Abzug geltend gemacht werden.

Ausbildungsbedingter Aufwand

Befindet sich das unterhaltspflichtige Kind noch in der Ausbildung, kann ein ausbildungsbedingter Aufwand abgezogen werden (nach Ziffer 10.2.3 der SüdL beispielsweise 90 Euro).

Fahrtkosten

Der Hauptanwendungsfall für berufsbedingte Aufwendungen ist die Berücksichtigung von Fahrtkosten. Dass man seinen Privat-Pkw für den Weg zur Arbeit nutzt, ihn betanken und warten muss, ist in der Regel einfach nachweisbar.

Einführungsfall

Heidrun erzielt ein monatliches Nettoeinkommen von 3.200 Euro. Sie fährt täglich 42 Kilometer (einfache Strecke) mit dem eigenen Pkw zur Arbeit. Mit öffentlichen Verkehrsmitteln könnte sie ihre Arbeitsstätte nicht erreichen, weil es in der Nähe keine Bus- oder Bahnstation gibt. Weitere berufsbedingte Aufwendungen hat sie nicht.

Heidrun könnte hier 5 % ihres Nettoeinkommens, also 160 Euro, von ihrem Einkommen abziehen. Der pauschale Abzug berufsbedingter Aufwendungen ist aber auf 150 Euro begrenzt (s. o.).

Bei hohen Kilometerbelastungen ist die pauschale Berechnung unter Umständen unbefriedigend, insbesondere wenn man über ein geringeres Nettoeinkommen verfügt als die sehr gut verdienende Heidrun.

Alternative Berechnung bei Fahrtkosten

04

Bei Fahrtkosten lassen die Leitlinien sämtlicher Oberlandesgerichte deshalb eine alternative Berechnung zu. Nach Ziffer 10.2.2. der SüdL können derzeit beispielsweise 0,30 Euro pro gefahrenen Kilometer angesetzt werden. Bei langen Fahrtstrecken (ab ca. 30 km einfach) ist der Satz zu reduzieren. Nach den SüdL liegt er dann bei 0,20 Euro pro zusätzlichem Kilometer.

Die meisten Gerichte verlangen, dass man die Strecke zur Arbeit nicht mit zumutbarem Aufwand auch (kostengünstiger) mit öffentlichen Verkehrsmitteln zurücklegen könnte. Die Süddeutschen Leitlinien sagen dies zwar nicht ausdrücklich, es scheint aber allgemein anerkannt zu sein.

In unserem Beispiel ist das unproblematisch: Heidrun könnte ihre Arbeitsstelle nicht mit öffentlichen Verkehrsmitteln erreichen.

Üblicherweise werden 220 Arbeitstage im Jahr angesetzt. Bei Teilzeitarbeit sind es entsprechend weniger.

(Fortsetzung)

Für die ersten 60 Kilometer kann Heidrun in unserem Beispiel einen Betrag von 60 km x 0,30 Euro x 220 Tage = 3.960 Euro im Jahr ansetzen. Für die folgenden 24 km kommen für 220 Arbeitstage und 20 Cent pro Kilometer weitere 1.056 Euro im Jahr hinzu. Es ergeben sich 5.016 Euro jährliche Gesamtbelastung. Heidrun kann sich monatlich also 418 Euro abziehen lassen. Es ist für sie somit deutlich günstiger, die konkreten Belastungen anzugeben. Müsste Heidrun dagegen nur wenige Kilometer zur Arbeit fahren oder würde sie nur halbtags arbeiten, wären die 150 Euro pauschaler Fahrtkostenabzug für sie eine gute Sache.

Reparaturen, Finanzierungs-, Leasingraten

In der Pauschale für die berufsbedingten Aufwendungen und in den Kilometersätzen der Fahrtkostenpauschale sind die Anschaffungs- und Instandhaltungskosten enthalten. Können Sie nachweisen, dass Sie einen Pkw ausschließlich beruflich nutzen, lohnt es sich womöglich, auf die Abrechnung der Fahrtkosten zu verzichten und stattdessen lieber die Finanzierungsraten anzusetzen. Auch hier gilt wieder: Geben Sie im Fall des Sozialhilferegresses sämtliche Lasten an, die Ihnen im Zusammenhang mit dem Fahrzeug entstehen. Mit etwas Glück werden sämtliche Kosten vom Sozialamt anerkannt.

VERMÖGENSWERTE VORTEILE UND SPESEN

Was sind vermögenswerte Vorteile?

Vermögenswerte Vorteile sind kostenlose oder verbilligte Sachbezüge, die der Arbeitgeber einem Angestellten gewährt: freie Kost und Logis, Vergünstigungen als Arbeitsanreiz (sog. Incentives) oder das Überlassen eines Dienstwagens. Der Wert dieser Zuwendungen ist dem Einkommen hinzuzurechnen, soweit der Angestellte hierdurch eigene Aufwendungen erspart. Schenkt der Arbeitgeber etwa einem besonders engagierten Angestellten einen Karibikurlaub und verzichtet dieser darauf, aus dem eigenen Einkommen einen weiteren Urlaub zu finanzieren, ist diese Ersparnis auf das durchschnittliche Monatseinkommen umzulegen.

Praxisrelevant: Spesen

Als Spesen oder Auslöse bezeichnet man die zusätzlichen Kosten, die jemandem entstehen, weil er sich aus beruflichen Gründen außerhalb der eigenen Wohnung oder außerhalb der regelmäßigen Arbeitsstätte aufhält und sich deshalb nicht so günstig wie zu Hause verpflegen kann. Die Kosten werden Arbeitnehmern regelmäßig von ihrem Arbeitgeber erstattet. Der Erstattungsbetrag gehört zwar ebenso zum Einkommen wie z. B. das Grundbruttoeinkommen, steht dem Arbeitnehmer aber nicht zur freien Verfügung, weil er damit seine Spesen deckt. Man könnte daher annehmen, dass der Erstattungsbetrag in voller Höhe vom Einkommen abgezogen werden muss. Doch es ist etwas komplizierter. Auch die häusliche Ersparnis wird nämlich berücksichtigt. Dazu ein Beispiel:

Die Mutter von Herrn Schmidt ist pflegebedürftig. Herr Schmidt ist Fernfahrer. Wie sich aus seinem Lohnzettel ergibt, erhält er von seinem Arbeitgeber monatlich im Durchschnitt 240 Euro Spesenerstattung überwiesen. Er ist der Meinung, dass diese nur die zusätzlichen Übernachtungs- und Essenskosten auf seinen Fahrten decken sollen, und deshalb bei der Berechnung seines unterhaltsrelevanten Einkommens keine Rolle spielen dürfen.

Abzug für häusliche Ersparnis

Herr Schmidt hat nur teilweise recht. „Auf Tour" hat er zwar höhere Kosten als daheim, er spart aber auch eigene Aufwendungen für Heizung, Gas, Wasser, Strom, Lebensmittel, den Weg zur Arbeit etc. Die Oberlandesgerichte bestimmen in Ziffer 1.4 ihrer Leitlinien daher einhellig, dass Spesen zwar vom Einkommen abgezogen werden können, ein Drittel des Spesenbetrages als häusliche Ersparnis aber wieder dem Einkommen hinzuzurechnen ist. Herr Schmidt muss sich im Rahmen der Unterhaltsberechnung daher eine häusliche Ersparnis von 80 Euro als Einkommen anrechnen lassen. 160 Euro sind reine Erstattung für Mehraufwand und werden von seinem Einkommen abgezogen.

Gleicht der Arbeitgeber dem Arbeitnehmer die Spesen nicht durch pauschale Zahlung aus, sondern ersetzt er lediglich dessen Auslagen für Geschäftsessen, Hotelübernachtungen, Flugtickets etc. nach Vorlage entsprechender Belege, ist auch eine pauschale Berechnung der häuslichen Ersparnis nicht möglich. Das bedeutet aber nicht, dass dem Unterhaltspflichtigen gar keine Ersparnis zuzurechnen wäre. Denn wer auf Geschäftsreisen in 5-Sterne-Hotels übernachtet, spart trotzdem die Aufwendungen für Kost und Logis im eigenen Heim. In diesen Fällen muss die häusliche Ersparnis geschätzt werden. Im Übrigen bleibt es dabei, dass die Spesenerstattung zunächst vom Einkommen abgezogen und sodann eine angemessene Ersparnis wieder hinzugerechnet wird.

FIRMENWAGEN

Einführungsfall

Karin fährt als Dienstwagen einen neuen VW Polo, den sie auch privat nutzen könnte. Sie tut dies aber nicht, weil Uwe und sie noch ein anderes Auto haben, das als „Familienkutsche" dient. Karin ist aus diesem Grund der Meinung, dass der Dienstwagen unterhaltsrechtlich keine Rolle spielen kann. Außerdem sei 1 % des Bruttolistenpreises schon Bestandteil ihres Gehalts. Sie müsse also Steuern und Sozialabgaben dafür zahlen. Es könne ja wohl nicht sein, dass sie zweimal zur Kasse gebeten werde.

Ein Dienstwagen erhöht das unterhaltsrelevante Einkommen dann, wenn man ihn auch privat nutzen kann. Ob man es tatsächlich tut, spielt keine Rolle. Karin muss also grundsätzlich hinnehmen, dass der VW Polo berücksichtigt wird. Bleibt die Frage, wie viel die private Nutzung eines Firmenwagens „wert" ist. Dies muss in jedem Einzelfall gesondert beurteilt werden. Man kann sich beispielsweise an den gängigen Nutzungsausfalltabellen der Automobilclubs orientieren. In der Praxis wird meist nicht so genau gerechnet und ein pauschaler Wert zwischen 150 und 300 Euro – je nach Güteklasse des Pkw – angenommen. Bezahlt der Arbeitgeber Versicherung, Kfz-Steuer, Kraftstoff etc., ist dies werterhöhend zu berücksichtigten.

Ein VW Polo ist zwar ein Kleinwagen, preislich aber nicht gerade in der Unterklasse angesiedelt. Hierfür dürfte ein Wert von 200 Euro angemessen sein. Dieser wird Karins Einkommen fiktiv hinzugerechnet. Hat sie infolge der privaten Dienstwagennutzung allerdings nachweislich einen Steuernachteil (z. B. 40 Euro pro Monat), wird dieser von den 200 Euro abgezogen. Hintergrund ist folgender:

Die „1 %- Regelung"

Angestellten wird regelmäßig im Gegenzug dafür, dass ihnen ein Dienstwagen privat zur Verfügung steht, 1 % des Bruttolistenpreises im Inland auf ihrer Gehaltsabrechnung als Einkommen ausgewiesen. Stellt der Arbeitgeber das Fahrzeug nur für Dienstfahrten sowie die Anfahrt zur Arbeit zur Verfügung, gilt diese Regelung nicht. Erhöht sich das Bruttoeinkommen, erhöhen sich dadurch zwangsläufig auch Lohnsteuer und Sozialversicherungsbeiträge. Auch kann es passieren, dass ein Unterhaltspflichtiger aufgrund der „1 %-Regelung" einen etwas höheren Unterhalt zahlen muss. Rechnet man ihm nun auch noch unterhaltsrechtlich ein fiktives Einkommen hinzu, zahlt er für den Dienstwagen gewissermaßen doppelt. Das wird von den Gerichten jedoch nicht beanstandet: Der „1 %-Nutzungsanteil" wird nicht als Bereinigungsposten berücksichtigt. Ganz ignoriert wird er aber auch nicht, denn Steuern, die für den Dienstwagen zu zahlen sind, können vom unterhaltsrechtlichen Nutzungswert abgezogen werden. Lassen Sie sich also von Ihrem Steuerberater oder Ihrer Steuersoftware berechnen und bescheinigen, wie viel Steuern Sie monatlich für den Dienstwagen zahlen.

ZUSÄTZLICHE ALTERSVORSORGE

Es ist mittlerweile allgemein anerkannt, dass die gesetzliche Altersvorsorge in den meisten Fällen den gewohnten Lebensstandard nicht mehr absichert. Zusätzliche Altersvorsorge tut Not. Das Einkommen des Kindes ist also um einen angemessenen Altersvorsorgebetrag zu reduzieren. Welcher Betrag angemessen ist, kann auf zwei Arten ermittelt werden: durch pauschalen Abzug oder konkrete Berechnung. Beachten Sie, dass in die Summe der zusätzlichen Altersvorsorgeaufwendungen neben privaten Ansparmaßnahmen auch die betriebliche Altersvorsorge einzurechnen ist.

Pauschaler Abzug

Arbeitnehmer

Die Gerichte billigen dem Unterhaltspflichtigen beim Elternunterhalt neben den Einzahlungen in die gesetzliche Rentenversicherung von 19,9 % des Bruttoeinkommens einen weiteren Abzug von 5 % des durchschnittlichen Bruttoeinkommens zu. Lesenswert hierzu ist das Urteil des BGH vom 30.08.2006 (Az. XII ZR 98/04).

Einführungsfall

Karin erzielt ein Bruttoeinkommen von 27.600 Euro im Jahr. Das sind monatlich im Durchschnitt 2.300 Euro. Sie kann also monatlich 115 Euro in eine zusätzliche Altersvorsorge, etwa einen „Riester-Vertrag" oder eine andere Geldanlage investieren. Auch das Ansparen auf einem Tagesgeld- oder Sparkonto oder gar einem separaten Girokonto ist zulässig. Die Gerichte schreiben nicht vor, wo das Vermögen angespart wird. Wichtig ist aus Beweisgründen nur, dass es klar von dem Einkommen und Vermögen abgegrenzt werden kann, das für den täglichen Lebensbedarf zur Verfügung steht.

Selbstständige

Diese Pauschalregelung ist auf Selbstständige entsprechend anzuwenden. Auch diese „dürfen" insgesamt 25 % ihres Einkommens für ihre Altersvorsorge aufwenden.

Konkrete Berechnung

Angemessene Altersvorsorge

Auch ein höherer Abzug für die private Altersvorsorge ist denkbar, wenn dies den konkreten Lebensverhältnissen des Kindes entspricht. Wichtig ist, dass die zusätzliche Altersvorsorge mit Blick auf das letzte Bruttoeinkommen des Kindes und dessen Lebensarbeitszeit „angemessen" ist. Die Idee: Jeder abhängig Beschäftigte soll durch Einzahlungen in die gesetzliche Rentenversicherung und durch private Vorsorge eine Rente erwirtschaften können, die einer gewissen Quote seines letzten durchschnittlichen Bruttoeinkommens entspricht. Anknüpfend an die Bemessung der Beamtenpensionen wird teilweise eine Quote von 75 % vertreten. Erreicht man dieses Niveau allein mit der gesetzlichen Rentenversicherung nicht, muss man die Altersvorsorge zielgerichtet aufstocken dürfen.

Das Deckungskapital, das hierzu erforderlich ist, kann finanzmathematisch ermittelt werden. Die Rechtsprechung hat hierzu eine eigene Formel entwickelt. Hierzu mehr auf S. 134.

Taktische Überlegungen

Sollten Sie noch keine zusätzliche Altersvorsorge abgeschlossen haben, wenn Sie mit Unterhaltsforderungen konfrontiert werden, können Sie auch jetzt noch damit beginnen. Zwar reduzieren Sie damit gewissermaßen mutwillig Ihr verfügbares Einkommen, Sie verhalten sich aber nicht schuldhaft. Wie schon erwähnt, ist allgemein anerkannt, dass die zusätzliche Altersvorsorge erforderlich ist. Wann Sie mit ihr beginnen, spielt keine Rolle.

In dem Fall, dass Sie schon länger in größerem Umfang in die private Altersvorsorge investieren, sollten Sie gegenüber dem Unterhaltsberechtigten argumentieren, dass Ihr Lebensbedarf durch diese Ausgaben geprägt wurde und darauf bestehen, dass Ihnen die Zahlungen in voller Höhe anerkannt werden.

Sie können es durchaus auch einmal darauf ankommen lassen und einfach höhere Zahlungen auf Ihre Altersvorsorge leisten. Die Sozialhilfeträger sind hier oftmals großzügiger als die Rechtsprechung. Für den Fall, dass das Sozialamt die Ausgaben doch nicht voll anerkennt, reduzieren Sie sie einfach wieder. Sie sollten nur darauf achten, dass Sie sich weder vertraglich fest binden noch die Maßnahme hohe Prämien und Verwaltungskosten verursacht.

Tipp

Es schadet sicherlich nicht, wenn Sie probehalber Ihren Altersvorsorgebedarf und die monatlichen Investitionen, die nötig sind, um das Deckungskapital anzusparen, ermitteln lassen. Legen Sie dem Sozialamt Ihre Berechnung vor und drängen Sie darauf, dass die zusätzliche Altersvorsorge anerkannt wird.

EINKÜNFTE AUS KAPITAL SOWIE AUS VERMIETUNG UND VERPACHTUNG

Einkommen aus Vermietung und Verpachtung sowie aus Kapitalvermögen ist gemäß Ziffer 1.6 der Unterhaltsleitlinien jeweils der Überschuss der Bruttoeinkünfte über die Werbungskosten. Die AfA (= Absetzung für Abnutzung) ist bei der Einkommensbereinigung nicht zu berücksichtigen.

Rücklagen für Instandhaltung

(Instandhaltungs-)Rücklagen dürfen bei Einkünften aus Vermietung nur dann abgezogen werden, wenn mit ihnen eine tatsächlich notwendige Erhaltungs- oder Renovierungsmaßnahme finanziert wird. Ist etwa in absehbarer Zeit eine Dachreparatur fällig, sollte ein Kostenvoranschlag vorgelegt werden und ein Finanzierungsplan, mit dem nachgewiesen werden kann, dass ein bestimmter monatlicher Ansparbetrag erforderlich und angemessen ist.

Wurde eine vermietete Immobilie mit einem Darlehen finanziert, mindern Zinsen und Tilgungsraten das unterhaltsrelevante Einkommen.

Tipp

Übersteigen die Finanzierungslasten den Wohnwert, können Sie den überschießenden Betrag ggf. auch als zusätzliche Altersvorsorge deklarieren, falls dies in Ihrem Einzelfall rechnerisch sinnvoll ist. Bei durchschnittlichen Einkommensverhältnissen wird zumeist aber neben den Zins- und Tilgungslasten für ein Grundstück kein weiterer Abzug von Altersvorsorgeaufwendungen möglich sein.

All dies gilt übrigens auch beim Wohnvorteil (siehe oben S. 97 f.), der um die verbrauchsunabhängigen Nebenkosten (Grundsteuer, Brandversicherung, Gebäudehaftpflicht, Straßenreinigung, Schornsteinfeger etc.), Zins- und Tilgungsleistungen sowie angemessene Rücklagen zu bereinigen ist.

SCHULDEN

Kredite zur Anschaffung von Luxusgütern werden bei der Einkommensermittlung nicht berücksichtigt. Hat sich das Kind dagegen aus anerkennungsfähigen Gründen verschuldet, etwa um Hausrat zu finanzieren, eine eigene Wohnung oder einen neuen Pkw, sind Zins und Tilgung vom Nettoeinkommen abzuziehen. Die Abzahlung muss im Rahmen eines vernünftigen Tilgungsplans erfolgen. Dieser ist ggf. vorzulegen.

Zu beachten ist, dass der Unterhaltspflichtige seine Schulden nicht mehrfach abziehen darf. Die Finanzierungskosten für einen Pkw sind beispielsweise bereits in der Pauschale für berufsbedingte Aufwendungen bzw. Fahrtkosten enthalten (s. o.), und Zins und Tilgung, die als Werbungskosten von den Einkünften aus Vermietung und Verpachtung abgezogen worden sind oder die als Finanzierungskosten den Wohnwert mindern, dürfen nicht nochmals als „einfache" Schulden in Ansatz gebracht werden. Übersteigen die Schulden aber die Mieteinnahmen bzw. den Wohnwert, kann der Überschuss natürlich noch als Bereinigungsposten berücksichtigt werden.

BESONDERE BELASTUNGEN

Besuchskosten

Besucht das Kind den Unterhaltsberechtigten regelmäßig im Pflegeheim, sind die Fahrtkosten als besondere Belastungen anzuerkennen. Es wäre nicht zumutbar, diese aus dem Selbstbehalt zu finanzieren, weil die Besuche den unterhaltsberechtigten Eltern zugutekommen. Ein pauschaler Abzug ist hier nicht statthaft. Die Fahrtkosten müssen konkret belegt werden, etwa durch ein Fahrtenbuch samt Tankquittungen.

Kinderbetreuungskosten

Kinderbetreuungskosten können vom Einkommen abgesetzt werden, wenn der Unterhaltspflichtige ohne die Betreuung durch Dritte nicht erwerbstätig sein könnte.

Einmalige Sonderausgaben

Entstehen einmalig besondere Kosten, die aus dem Selbstbehalt nicht gedeckt werden können (z. B. Behandlungskosten und Medikamentenzuzahlungen bei einer schweren Erkrankung), können auch diese als Bereinigungsposten berücksichtigt werden.

Vorrangige Unterhaltspflichten

Das unterhaltsrelevante Nettoeinkommen ist schließlich noch um Unterhaltsansprüche zu bereinigen, die dem Elternunterhalt vorgehen. Hierzu erfahren Sie mehr im folgenden Kapitel.

VORRANGIGE UNTERHALTSPFLICHTEN DES KINDES

Was bedeutet „Vorrang"?

Die Eltern können nur Unterhalt verlangen, soweit alle anderen Unterhaltsberechtigten den Unterhalt erhalten haben, der ihnen zusteht. Juristisch ausgedrückt: Erst wenn der Bedarf aller nach § 1609 Nr. 1 bis 5 BGB vorrangig berechtigten Personen gedeckt ist und das Kind immer noch über verwertbares Einkommen oder Vermögen verfügt, ist dieses für den Unterhalt des berechtigten Elternteils einzusetzen. (Vgl. dazu die Rangfolge der Unterhaltsberechtigten auf S. 23 f.)

In diesem Kapitel werden wir die Berechnung der vorrangigen Unterhaltsansprüche in Grundzügen darstellen.

UNTERHALT FÜR DIE EIGENEN KINDER

Wie bei allen anderen Unterhaltsberechnungen verfährt man auch beim Kindesunterhalt nach dem Schema Bedarf – Bedürftigkeit – Leistungsfähigkeit – Angemessenheit.

Einführungsfall

Weder Karin noch Uwe zahlen Christiane Unterhalt in Geld, denn sie betreuen das Kind gemeinsam. Ausgaben für Christiane werden vom gemeinsamen Konto bestritten. Welchen Unterhalt kann Karin nun bei der Berechnung des Elternunterhalts abziehen?

Es kommt im Rahmen der Elternunterhaltsberechnung nicht darauf an, wer das Kind betreut und wer ggf., etwa nach einer Trennung der Eltern, Unterhalt in Geld leistet. Der Gesetzgeber stellt beide Unterhaltsleistungen gleich (§ 1606 Abs. 3 Satz 2 BGB). Für die Berechnung des Elternunterhalts tut man also so, als würde Karin Christiane Kindesunterhalt zahlen.

Der Bedarf minderjähriger Kinder

Lebensstandard von Kindern

Minderjährige Kinder stehen wirtschaftlich noch nicht auf eigenen Beinen. Sie nehmen daher an den Lebensverhältnissen ihrer Eltern teil: Haben diese selbst schon Schwierigkeiten, ihren Lebensunterhalt zu finanzieren, steht auch für die Kinder nicht so viel Geld für Essen, Kleidung, Schulmaterialien oder Freizeitaktivitäten zur Verfügung. Kinder wohlhabender Eltern kommen regelmäßig auch in den Genuss von deren höherem Lebensstandard. Der Lebensstandard der Eltern „färbt" also auf die Kinder „ab". Der Jurist sagt: Kinder leiten ihren Unterhaltsbedarf vom Einkommen der Eltern ab. In der Praxis bestimmt man den Bedarf nach der Düsseldorfer Tabelle und den Unterhaltsleitlinien der Oberlandesgerichte (siehe oben S. 101 ff.).

Zunächst ist das bereinigte unterhaltsrelevante Nettoeinkommen des Barunterhaltspflichtigen zu ermitteln. Dies geschieht in der gleichen Weise wie beim Elternunterhalt. Anschließend wird der Betrag für den Kindesunterhalt aus der Düsseldorfer Tabelle abgelesen und dieser um das hälftige Kindergeld gekürzt.

Einführungsfall

Angenommen, Karin erzielt ein Nettoeinkommen von 1.700 Euro. Da sie täglich 5 km mit dem eigenen Pkw zur Arbeit fährt, können von ihrem Nettoeinkommen noch Fahrtkosten von 85 Euro abgesetzt werden (5 % von 1.700 Euro, s. o.). Es verbleibt ein Einkommen von 1.615 Euro.

Besonderheiten bei der Einkommensbereinigung

Unterschiede zum Elternunterhalt ergeben sich aber daraus, dass Kinder besonders schutzbedürftig sind. Vater und Mutter sollen deshalb auf ihre Kosten kein Altersvorsorge- oder Anlagevermögen bilden können und müssen alles tun, um den Unterhalt der Kinder sicherzustellen. Die Folge: Vermögensanlagen und Altersvorsorgeaufwendungen können beim Kindesunterhalt im Regelfall nicht vom Einkommen abgezogen werden. Hat der Unterhaltsberechtigte ein Darlehen aufgenommen, um Vermögen zu schaffen – etwa um ein Haus zu finanzieren –, muss beim Schuldenabzug daher zwischen Zinsen und Tilgungsaufwendungen differenziert werden: Während Zinsen eine notwendige Folge der Darlehensaufnahme sind, dienen die Tilgungsraten dem Vermögenserwerb. Anders verhält es sich, wenn das Darlehen aufgenommen wurde, um bestehendes Vermögen zu erhalten oder zu ersetzen.

Einführungsfall

Karin und Uwe haben vor einigen Jahren ein kleines Finanzierungsdarlehen aufgenommen, um ihr Haus um einen Wintergarten zu erweitern. Karins Anteil an dem Darlehen beträgt monatlich 200 Euro, davon entfallen 50 Euro auf Zinsen und 150 Euro auf die Tilgung. Während sie bei der Berechnung ihres Einkommens im Rahmen des Elternunterhalts die gesamten 200 Euro von ihrem Einkommen abziehen konnte, kann sie gegenüber Christiane lediglich 50 Euro Zinsbelastung ansetzen. Es ist also von einem bereinigten Nettoeinkommen von 1.565 Euro auszugehen.

Düsseldorfer Tabelle

Steht das Einkommen fest, kann der vorgesehene Kindesunterhalt aus der Düsseldorfer Tabelle (siehe Anhang S. 162) abgelesen werden. Dabei ist die einschlägige Altersstufe des Kindes zu beachten. Im Geburtsmonat sowie beim 6., 12. und 18. Geburtstag des Kindes gilt der neue Unterhaltssatz jeweils ab dem Ersten des Monats (§ 1612 a Abs. 3 BGB).

Die Tabellensätze der Düsseldorfer Tabelle gelten für eine Unterhaltskonstellation mit zwei Unterhaltsberechtigten. Wenn ein Unterhaltsverpflichteter mehr als zwei Personen zu versorgen hat, ist die Einkommensstufe pro zusätzlicher Person um eine Stufe herab- und bei weniger Personen pro Person um eine Stufe heraufzusetzen. Auf den Rang der Person kommt es dabei nicht an. Das bedeutet, dass auch Ehegatten, volljährige Kinder und Eltern bei der Auf- und Abstufung gleichberechtigt zu beachten sind.

Einführungsfall (Fortsetzung)

Karins Einkommen (1.565 Euro) entspricht der zweiten Einkommensstufe (1.501 bis 1.900 Euro) der Düsseldorfer Tabelle.
Da Uwe nicht unterhaltsbedürftig ist und Karin und Uwe keine weiteren Kinder haben, ist denkbar, dass Christiane in die dritte Einkommensstufe hochzustufen wäre (1.901 bis 2.300 Euro). Herr Meier nimmt als Elternteil in der Rangliste der Unterhaltsberechtigten zwar nur einen der hinteren Plätze ein, zählt aber unabhängig davon zum Kreis der Unterhaltsberechtigten. Karin ist daher zwei Personen gegenüber verpflichtet. Es liegt der Regelfall der Düsseldorfer Tabelle vor. An der Eingruppierung in die zweite Einkommensstufe ändert sich demnach nichts. Christiane könnte also grundsätzlich einen Unterhalt von 448 Euro monatlich von Karin verlangen. Unterstellt, die Tabellensätze blieben bis dahin gleich, würde ihr Anspruch mit Vollendung des 18. Lebensjahres auf 513 Euro steigen.

Kindergeldabzug

Vom Tabellenunterhalt ist jeweils noch das hälftige Kindergeld abzuziehen (§ 1612 b BGB). Dieses beträgt für das erste und zweite Kind 184 Euro, für das dritte Kind 190 Euro und ab dem vierten Kind 215 Euro.

Einführungsfall (Fortsetzung)

Die 448 Euro Tabellenunterhalt werden noch um die Hälfte des Kindergeldes gekürzt. Christiane ist Karins und Uwes einziges Kind. Die beiden bekommen also monatlich 184 Euro Kindergeld. 92 Euro davon sind auf Christianes Unterhalt anzurechnen. Es verbleibt ein Unterhaltsanspruch von 356 Euro.

Einkommen des Kindes

Minderjährige Kinder verfügen in aller Regel nicht über eigene Einkünfte. Einkünfte aus Ferien- oder Studentenjobs sind bei der Berechnung des Kindesunterhalts nicht zu berücksichtigen. Falls sonstige Einkünfte vorliegen, sind diese grundsätzlich genau wie bei Erwachsenen für den eigenen Unterhalt einzusetzen. Von praktischer Bedeutung sind gelegentlich Kapitaleinkünfte, etwa aus geerbtem Vermögen. Zinsen und Dividenden müssen für den eigenen Unterhalt verwendet werden. Das Kapital selbst, den „Stamm" ihres Vermögens, müssen die Kinder hingegen nicht einsetzen.

In der Praxis von großer Bedeutung ist die Ausbildungsvergütung. Diese müssen sich Auszubildende, ob volljährig oder nicht, anrechnen lassen. Die Vergütung ist aber um ausbildungsbedingte Aufwendungen zu bereinigen. Es handelt sich um eine Abzugsposition, die von den Oberlandesgerichten unterschiedlich gehandhabt wird. Oft werden, wie schon erwähnt, pauschal 90 Euro abgezogen. Gelegentlich wendet man aber auch die Grundsätze an, die für die Anrechnung berufsbedingter Aufwendungen von Erwachsenen gelten.

Der Bedarf volljähriger Kinder

„Privilegierte" volljährige Kinder

§ 1603 Abs. 2 Satz 2 BGB

Den minderjährigen unverheirateten Kindern stehen volljährige unverheiratete Kinder bis zur Vollendung des 21. Lebensjahres gleich, solange sie im Haushalt der Eltern oder eines Elternteils leben und sich in der allgemeinen Schulausbildung befinden.

Solange ein Kind nach seinem 18. Geburtstag noch die allgemeinbildende Schule besucht und weiter bei seinen Eltern lebt, ist es zwar geschäftsfähig, steht aber wirtschaftlich letztlich genauso wenig auf eigenen Beinen wie ein minderjähriges Kind. Es wird daher vom Gesetzgeber für ebenso schutzwürdig erachtet und gegenüber anderen volljährigen Kindern privilegiert. Der besondere Schutz endet spätestens mit dem 21. Geburtstag des Kindes.

Kindergeldabzug

Bei volljährigen Kindern ist das Kindergeld nicht mehr nur hälftig, sondern in voller Höhe vom Unterhaltsbedarf abzuziehen. Ob ein Kind unterhaltsrechtlich „privilegiert" ist oder nicht, spielt dabei keine Rolle.

Einführungsfall

Bis Christiane die Schule beendet, ist sie als Volljährige privilegiert. Ab dann kann Christiane nach der zweiten Einkommensstufe und der vierten Altersgruppe der Düsseldorfer Tabelle 513 Euro Unterhalt verlangen. Von diesem ist das komplette Kindergeld in Höhe von 184 Euro abzuziehen. Es ergibt sich ein Zahlbetrag von 329 Euro.

04

Sonstige volljährige Kinder

Verwandte schulden einander lebenslang Unterhalt. Ist ein Kind volljährig und nicht mehr unterhaltsrechtlich privilegiert (s. o.), endet die Unterhaltspflicht der Eltern also nicht automatisch. Das volljährige Kind muss aber seinen Lebensunterhalt durch eigene Erwerbsarbeit sicherstellen. Hierauf kann es indes nicht verwiesen werden, solange es sich in der Berufsausbildung befindet. Eltern sind nämlich verpflichtet, ihre Kinder bei der Vorbildung zu einem Beruf zu unterstützen (§ 1610 Abs. 2 BGB). Konkret müssen sie ihm eine Ausbildung oder ein Studium finanzieren, in bestimmten Fällen sogar beides hintereinander.

Die Berechnung des Unterhalts für (nicht privilegierte) volljährige Kinder unterscheidet sich wesentlich von der Unterhaltsberechnung bei Minderjährigen. Dass das komplette Kindergeld auf den Unterhaltsbedarf anzurechnen ist, haben wir oben bereits gesehen. Darüber hinaus wird aber auch der Bedarf selbst anders ermittelt:

Bedarfsermittlung

Grundsätzlich ermittelt man den Unterhaltsbedarf anhand des zusammengerechneten Einkommens der Eltern nach der vierten Altersgruppe der Düsseldorfer Tabelle. Der angemessene Gesamtunterhaltsbedarf eines Studierenden oder Auszubildenden, der nicht bei seinen Eltern wohnt, beträgt aber in der Regel mindestens 670 Euro. Sofern sich aus dem zusammengerechneten Nettoeinkommen der Eltern ein höherer Unterhalt ergibt, gilt der höhere Betrag. Abzuziehen ist eigenes bedarfsdeckendes Einkommen des Kindes (s. o.).

Einführungsfall (Fortsetzung)

Christiane hat die Schule bereits abgeschlossen und ist von zu Hause aus- und in eine eigene Wohnung eingezogen. Sie macht eine Ausbildung und verdient in einem kleinen Nebenjob 100 Euro im Monat. Wie hoch ist ihr Unterhaltsanspruch?

Karin erzielt ein unterhaltsrelevantes Einkommen von 1.565 Euro, Uwe eines von 3.400 Euro. Aus der Summe von 4.965 Euro ergibt sich nach der zehnten Einkommensstufe der Düsseldorfer Tabelle ein Unterhaltsbedarf von 781 Euro. Der Mindestbedarf von 670 Euro ist überschritten. Es gilt der höhere Wert, also die 781 Euro. Abzüglich des kompletten Kindergeldes von 184 Euro ergibt sich ein Zahlbetrag von 597 Euro.

Christiane erhält eine Ausbildungsvergütung von netto 320 Euro und muss für Fahrtkosten und Material für die Ausbildung monatlich 90 Euro aufwenden. Es ist also eigenes Einkommen von 230 Euro monatlich zu berücksichtigen. Die 100 Euro, die Christiane mit ihrem Nebenjob verdient, mindern ihren Bedarf dagegen nicht. Von den 597 Euro verbleibt damit ein Unterhaltsbedarf von 367 Euro.

Bereinigtes Einkommen Karin	1 565 €
Bereinigtes Einkommen Uwe	+ 3 400 €
Familieneinkommen	4 965 €
Unterhaltsbedarf Christiane nach Düsseldorfer Tabelle	781 €
Abzgl. Kindergeld	– 184 €
Zwischensumme	597 €
Ausbildungsvergütung Christiane (Netto-Betrag)	– 320 €
Ausbildungsbedingte Aufwendungen	+ 90 €
Unterhaltsanspruch Christiane	**367 €**

Quotenunterhalt

Eltern schulden ihren volljährigen Kindern gemeinschaftlich Unterhalt, aber nicht **gesamtschuldnerisch:** Jeder Elternteil muss also nur den Teil vom Unterhaltsbedarf des Kindes tragen, der seiner Quote am verfügbaren Gesamteinkommen, der „Verteilmasse" entspricht. Dies nennt der Jurist eine Teilschuld.

Zur Verteilmasse gehört immer nur das Einkommen, das tatsächlich im jeweiligen Unterhaltsverhältnis zur Verfügung steht. Von dem jeweiligen Einkommen ist also noch der jeweilige Selbstbehalt abzuziehen. Dieser beträgt bei volljährigen Kindern 1.200 Euro (vgl. z. B. Ziffer 21.3.1 der SüdL).

Einführungsfall (Fortsetzung)

Karin erzielt, wie oben gesehen, ein unterhaltsrelevantes Einkommen von 1.565 Euro und Uwe eines von 3.400 Euro. Karin kann also für den Ausbildungsunterhalt von Christiane 365 Euro zur Verfügung stellen (1.565 Euro abzgl. 1.150 Euro Selbstbehalt), Uwe kann 2.250 Euro beisteuern (3.400 Euro abzgl. 1.150 Euro Selbstbehalt). Insgesamt ergibt sich eine Verteilmasse von 2.665 Euro, zu der Karin 16 % beiträgt und Uwe 84 %. Christiane kann damit von Karin 58,72 Euro (16 % von 367 Euro) und von Uwe 308,28 Euro verlangen. Außerdem muss der Elternteil, der das Kindergeld bezieht, ihr den Betrag von 184 Euro zukommen lassen.

Unterhaltsrelevantes Einkommen Karin	1.565 €
Abzgl. Selbstbehalt	– 1.200 €
Für Christiane stehen zur Verfügung	365 €
Unterhaltsrelevantes Einkommen Uwe	3.400 €
Abzgl. Selbstbehalt	– 1.200 €
Für Christiane stehen zur Verfügung	2.200 €
Insgesamt stehen für Christianes Unterhalt zur Verfügung	2.565 €
Anteil Karin (14 %)	**365 €**
Anteil Uwe (86 %)	**2.200 €**
Unterhaltsanspruch Christiane (siehe voriges Beispiel)	367 €
Anteil Karin (14 % von 367 €)	**51,38 €**
Anteil Uwe (86 % von 367 €)	**315,62 €**

Oft zahlen Eltern ihren erwachsenen Kindern einen höheren Unterhalt als gesetzlich geschuldet. Dies sollte man dem Sozialamt durchaus mitteilen, denn zum einen ist nicht gesagt, dass hier genau nachgerechnet wird. Zum anderen soll der Elternunterhalt – dies kann nicht oft genug wiederholt werden – möglichst wenig in die Lebensstellung des unterhaltspflichtigen Kindes eingreifen. Hat dieses entschieden, den eigenen Kindern einen höheren Unterhalt leisten zu wollen, kann dies „nach dem konkreten Zuschnitt der Lebensverhältnisse" durchaus vertretbar sein.

SONSTIGE VORRANGIG UNTERHALTS-BERECHTIGTE

Ehegatte

Der angemessene Unterhalt des Ehegatten, der mit dem Unterhaltspflichtigen zusammenlebt, bemisst sich nach den ehelichen Lebensverhältnissen, beträgt aber mindestens 1.280 Euro. Der Betrag ist im Familienselbstbehalt bereits berücksichtigt (siehe oben S. 106) Sollte sich nach den ehelichen Lebensverhältnissen ein höherer Unterhaltsanspruch ergeben, wäre dieser vom Einkommen des unterhaltspflichtigen Kindes abzuziehen.

Einführungsfall

Würde Karin 3.400 Euro verdienen und Uwe lediglich 1.565 Euro und hätten sie keine Kinder, hätte Uwe – ohne hier auf die genaue Berechnung des Ehegattenunterhalts einzugehen – einen angemessenen Unterhaltsbedarf von rund 2.100 Euro. Hiervon könnte er einen Teil aus eigener Erwerbstätigkeit sicherstellen. Sein Restbedarf betrüge rund 800 Euro. Diesen könnte Karin in unserem Beispiel dem Unterhaltsanspruch ihrer Eltern entgegenhalten.

Tipp

Weitere Informationen finden Sie in dem Ratgeber der Verbraucherzentrale „Mein Anspruch auf Unterhalt bei Trennung und Scheidung" (www.vz-ratgeber.de).

Die Berechnung des Ehegattenunterhalts weist einige Besonderheiten auf, auf die wir im Rahmen dieses Buches jedoch nicht eingehen können. Wir verweisen insofern auf folgenden Ratgeber der Verbraucherzentrale:

Unterhalt für die Betreuung eines nichtehelichen Kindes

Wer ein nichteheliches Kind betreut, hat gegen den anderen Elternteil in den ersten drei Jahren nach der Geburt Anspruch auf Unterhalt (§ 1615 l BGB). Dieser richtet sich nach der Lebensstellung des betreuenden Elternteils. Das bedeutet schlicht, dass der Unterhaltspflichtige dem betreuenden Elternteil dessen letztes Durchschnittseinkommen zahlen muss. Sofern der Betreuende Elterngeld erhält, ist dieses aber von seinem Unterhaltsbedarf abzuziehen, soweit es 300 Euro übersteigt (§ 11 BEEG). War der betreuende Elternteil vor der

Geburt nicht erwerbstätig, ist ein Mindestbetrag von 800 Euro anzusetzen.

DIE VERWERTUNG DES KINDES-VERMÖGENS

04

NACHRANG DES ELTERNUNTERHALTS

Ist das Kind nach seinen Einkommensverhältnissen nicht in der Lage, Unterhalt zu leisten, muss es sein Vermögen einsetzen, um den Lebensbedarf des Elternteils zu decken. Hier gelten weitgehend dieselben Grundsätze wie beim Vermögen der Eltern (vgl. S. 68 ff.).

„Geschontes" Vermögen

Der BGH hat mit Urteil vom 30.08.2006 (Az. XII ZR 98/04) noch einmal klargestellt, welche Position er als Schonvermögen anerkennt: Allgemein braucht der Unterhaltsschuldner den Stamm seines Vermögens dann nicht zu verwerten, wenn dies für ihn mit einem wirtschaftlich nicht mehr vertretbaren Nachteil verbunden wäre. Denn nach dem Gesetz haben die ansonsten zu erfüllenden Verbindlichkeiten und Unterhaltsverpflichtungen des Kindes sowie dessen eigener Lebensbedarf Vorrang vor dem Elternunterhalt. Eine Verwertung des Vermögensstammes kann daher nicht verlangt werden, wenn dies den Unterhaltsschuldner von fortlaufenden Einkünften (Zinsen, Dividenden, Mieteinkünften, Pachtzinsen etc.) abschneiden würde, aus denen er maßgebliche Teile seines eigenen Lebensbedarfs und desjenigen seiner Angehörigen bestreitet. Absurd ist daher die Idee mancher Sozialhilfeträger, vom unterhaltspflichtigen Kind noch während bestehender ehelicher Lebensgemeinschaft die Verwertung ihres Zugewinnausgleichsanspruchs zu verlangen. Dies würde einen unerträglichen Eingriff in die Lebensgestaltung des Kindes darstellen. Auch dass der Pflichtige seine angemessene selbst genutzte Immobilie verwertet, kann mit Blick auf diese BGH-Entscheidung regelmäßig nicht gefordert werden.

ALTERSVORSORGEVERMÖGEN

Außerdem muss das unterhaltspflichtige Kind im Gegensatz zum pflegebedürftigen Elternteil angemessene Vorsorge für sein Alter betreiben können. Wie es dies tut, ist ihm überlassen. Ob es einfaches Sparvermögen bildet, einen „Riester-Vertrag" abschließt oder in Immobilien investiert – die Anlageform spielt keine Rolle. Das Altersvorsorgevermögen muss nur hinreichend von den Finanzmitteln unterscheidbar sein, die für den täglichen Lebensbedarf zur Verfügung stehen. Wie oben gesehen (S. 110 f.) billigt die Rechtsprechung jedem abhängig beschäftigten Unterhaltspflichtigen zu, zusätzlich zu seinen Beiträgen zur gesetzlichen Rentenversicherung bis zu 5 % seines Bruttoeinkommens in die private Altersvorsorge zu investieren. Selbstständige können monatlich ein Viertel ihres Durchschnittseinkommens für ihre Altersvorsorge zurücklegen.

Infolge dieser Regelung ist es nur konsequent, dem Unterhaltspflichtigen auch ein Vermögen in der Höhe zu belassen, wie er es mit diesen Aufwendungen im Laufe eines Erwerbslebens ansparen könnte.

Nach BGH, Urteil vom 30.08.2006, Az. XII ZR 98/04: Der unterhaltspflichtige Sohn wurde 1955 geboren, hatte also bis zum Renteneintrittsalter noch ca. 15 Jahre Lebensarbeitszeit vor sich. Er war nicht verheiratet und verfügte über kein Grundvermögen. Sein Bruttoeinkommen belief sich auf monatlich ca. 2.100 Euro. Für die private Altersvorsorge durfte er davon monatlich ca. 105 Euro (= 5 %) zurücklegen. Eine monatliche Sparrate in dieser Höhe erbringt während eines Berufslebens von 35 Jahren bei einer Rendite von 4 % ein Kapital von annähernd 100.000 Euro. Diesen Betrag billigte der BGH dem Unterhaltspflichtigen als Schonvermögen zu.

Der Deutsche Verein für öffentliche und private Fürsorge e.V. hat sich 2005 für eine deutliche Reduzierung des Altersvorsorgevermögens ausgesprochen, wenn das Kind durch selbst genutztes Wohneigentum schon in anderer Weise für sein Alter vorgesorgt hatte. Die Folge: Die eigene angemessene Wohnimmobilie müsste nicht für den Elternunterhalt verwertet werden, das sonstige Altersvorsorgevermögen aber auf einen Betrag deutlich unter dem eigentlichen Schonbetrag abgeschmolzen werden, um den Bedarf der Eltern zu decken. Der Bundesgerichtshof hat dem in einer viel beachteten Entscheidung (Urteil vom 07.08.2013, XII ZB 269/12) nun eine Absage erteilt. Nun ist klar: das Altersvorsorgevermögen verbleibt einem neben einer selbst genutzten Immobilie in voller Höhe.

Tipp

Wenn Ihre Sparguthaben die Grenze des Altersvorsorgevermögens erreicht haben oder gar überschreiten, denken Sie über den Erwerb einer Immobilie nach, in die Sie selbst einziehen. Mit dieser können Sie ungefährdet weiteres Vermögen erwirtschaften, ohne dass Sie dieses oder Ihr Sparvermögen für den Elternunterhalt verwerten müssten.

04

NOTWENDIGE ANSCHAFFUNGEN UND NOTGROSCHEN

Das Auto, mit dem Heidrun regelmäßig zur Arbeit fährt, haucht allmählich sein Leben aus. Heidrun hatte schon vor einiger Zeit angefangen, für einen neuen Pkw zu sparen. Außerdem ist die Heizungsanlage ihres Hauses defekt. Für die Beschaffung einer Ersatzanlage hat sie ebenfalls Rücklagen gebildet. Da Heidrun über Immobilienvermögen und neben ihren Rücklagen für Auto und Heizungsanlage noch über Ersparnisse verfügt, befürchtet sie, dass sie nun ihre Rücklagen für den Unterhalt zur Verfügung stellen muss.

In seinem Urteil vom 30.08.2006 (Az. XII ZR 98/04) hat der BGH entschieden, dass Rücklagen für notwendige Anschaffungen nicht aufgelöst werden müssen, um damit den Elternunterhalt zu bestreiten. In dem entschiedenen Fall konnte das unterhaltspflichtige Kind darlegen, dass es den Pkw für die Fahrt zur Arbeit benötigt und dass sein alter Pkw dringend ersetzt werden musste. Der BGH gestand ihm daraufhin einen weiteren Freibetrag von ca. 22.000 Euro für den Kauf des neuen Pkw zu. Die Argumentation des BGH lässt sich ohne

Tipp

Sie als Unterhaltspflichtiger müssen beweisen, dass die Rücklagen zweckbestimmt und notwendig sind. Sorgen Sie also entsprechend vor. Planen Sie Baumaßnahmen, die Anschaffung eines neuen Pkw o. ä. und lassen Sie sich Finanzierungsangebote oder Kostenvoranschläge machen, die Sie dem Sozialamt oder dem Unterhaltsbedürftigen vorlegen können.

Weiteres auch auf Renovierungen und Erhaltungsmaßnahmen am selbst genutzten Eigenheim übertragen. Heidrun wird also ihre zusätzlichen Rücklagen behalten dürfen, ferner ihre Ersparnisse, wenn diese die Grenzen des Altersvorsorgevermögens nicht überschreiten. Neben den Rücklagen und dem Altersvorsorgevermögen steht dem Kind auch noch ein Notgroschen zu, wie der BGH in seiner Entscheidung vom 07.08.2013 klargestellt hat (siehe oben). Wie dieser zu berechnen ist, hat der BGH nicht mitgeteilt, in seiner Entscheidung aber einen Betrag von 10.000 Euro akzeptiert.

UNTERHALTSPFLICHTIGE GESCHWISTER

REGELFALL: QUOTENBERECHNUNG

Geschwister haften für den Unterhalt der Eltern anteilig nach ihren jeweiligen Einkommens- und Vermögensverhältnissen (§ 1606 Abs. 3 BGB). In einer Patchworkfamilie, in der zwei Partner mit Kindern aus früheren Beziehungen und ggf. gemeinsamen Kindern zusammenleben, haften die Halbgeschwister natürlich nur anteilig für den Unterhalt des Elternteils, von dem sie gemeinsam abstammen.

Jedes Kind muss nur für die Unterhaltsquote einstehen, die seinen Einkommens- und Vermögensverhältnissen entspricht. Für jedes Geschwisterkind wird zunächst ermittelt, in welcher Höhe es maximal leistungsfähig ist. Die jeweilige Quote am Gesamtbetrag entspricht dem Anteil des jeweiligen Kindes am Gesamtunterhalt (vgl. das einfache Beispiel von S. 27). Das bedeutet aber auch: Ist nur eines von mehreren Geschwistern leistungsfähig, trägt es auch die Unterhaltslast der Eltern allein. Nachfolgend machen wir es etwas komplizierter und greifen zwei frühere Rechenbeispiele wieder auf:

Einführungsfall

Die Geschwister Heidrun und Karin sind ihrem Vater unterhaltspflichtig. Ihr Anteil am Unterhalt ist wie folgt zu berechnen.

Leistungsfähigkeit Heidrun:
Heidrun hat ein bereinigtes Einkommen von monatlich 2.900 Euro. Abzüglich des Mindestselbstbehalts von 1.600 Euro verbleibt ihr ein Einkommen von 1.300 Euro. Die Hälfte davon kann sie für ihren Lebensunterhalt verwenden, die andere Hälfte steht für den Unterhalt ihrer Eltern zur Verfügung. (Zur Berechnung siehe oben S. 105.)

Leistungsfähigkeit Karin:
Karin hat ein Einkommen von 1.565 Euro. Ihr Anteil am Familienselbstbehalt beträgt 1.222 Euro (vgl. oben S. 107 f.). Die Differenz von 343 Euro kann Karin zum Unterhalt beisteuern. Quote am Gesamtbetrag, der für den Elternunterhalt zur Verfügung steht:

Es ergibt sich eine „Verteilmasse" von insgesamt 993 Euro, an der Heidrun mit 65 % (650 Euro) beteiligt ist und Karin mit 35 % (343 Euro).

Unterhaltsquote:
Hat Herr Meier einen Unterhaltsbedarf von monatlich 360 Euro, müsste Heidrun 65 % hiervon tragen (237,25 Euro) und Karin 35 % (127,75 Euro). Hätte Herr Meier einen Unterhaltsbedarf von 1.300 Euro, würde sich eine Rechnung erübrigen: Karin müsste ihre 343 Euro beisteuern und Heidrun ihre 650 Euro.

Das Gesetz spricht in § 1603 BGB bewusst von einer anteiligen Haftung und nicht etwa von einer gemeinschaftlichen: Der Unterhaltsberechtigte kann bei jedem Geschwisterkind deshalb nur dessen jeweilige Unterhaltsquote einfordern. Weigert sich eines der Kinder, seinen Anteil zu zahlen, muss er für jedes einzelne dessen Anteil am Unterhalt gerichtlich geltend machen. Wie oben gesehen, nennt man diese Art Anspruch eine Teilschuld.

Gegenbegriff ist die sog. Gesamtschuld: Sie liegt vor, wenn ein Gläubiger sich von mehreren Schuldnern einen aussuchen kann, den er in Anspruch nimmt. Dieser – zumeist der solventeste Schuldner – muss dann bei den anderen auf eigenes Risiko deren Anteil an der Gesamtschuld eintreiben. Die Gesamtschuld trifft man häufig im Vertragsrecht an, etwa bei

Darlehensverträgen, Mietverträgen, Gesellschaften bürgerlichen Rechts etc.

Da Geschwister teilschuldnerisch haften, müsste es Heidrun nicht kümmern, wenn Karin aus irgendwelchen Gründen die Zahlung ihres Anteils verweigert. Von diesem Grundsatz gibt es jedoch eine wichtige, durchaus unangenehme Ausnahme. Dazu sogleich.

AUSNAHME: ERSATZHAFTUNG

Einführungsfall

Als auch noch Frau Meier pflegebedürftig wird, stellt Karin ihre Erwerbstätigkeit aus Ärger über den Elternunterhalt vollständig ein und teilt dem Sozialhilfeträger mit, sie sei nun nicht mehr leistungsfähig. Das Sozialamt weigert sich jedoch, Karins Unterhaltsanteil zu reduzieren. Karin leistet keinerlei Zahlungen mehr. Vermögen hat sie nicht. Daraufhin fordert das Sozialamt Heidrun auf, zusätzlich zu ihrem eigenen nun auch noch Karins Anteil an den Heimkosten der Eltern zu übernehmen. Als Heidrun dem Sachbearbeiter telefonisch lautstark ihre Meinung sagt, versucht er, sie mit dem Hinweis zu beruhigen, sie könne doch alle Unterhaltszahlungen, die sie an Karins Stelle leiste, hinterher von dieser erstattet verlangen und legt schnell den Hörer auf.

Das Sozialamt hat grundsätzlich recht: Nach § 1607 Abs. 2 BGB muss ein Geschwisterkind auch für den Unterhaltsanteil des anderen geradestehen, wenn dieses sich der Leistung entzieht. Diesen Vorgang nennt man Ersatzhaftung. Der Leistung entzieht man sich, indem man z. B. untertaucht oder – wie Karin in unserem Beispiel – sein Einkommen und Vermögen so reduziert, dass der Unterhalt nicht vollstreckt werden kann.

Besser keine Vollstreckung riskieren!

Sich der Geltendmachung des Unterhalts zu entziehen, ist jedoch nicht so einfach, wie unser Fallbeispiel vermuten lässt. Vollstreckungsmaßnahmen sind nicht nur menschlich belastend, sondern auch wirtschaftlich unangenehm, selbst wenn es nichts „zu holen" gibt. Denn Auskunfteien wie etwa die

Schufa registrieren Pfändungen und eventuelle eidesstattliche Versicherungen (früher: Offenbarungseide). Dadurch verschlechtert sich die Risikoeinschätzung des Bewerteten. Bei der Schufa nennt man dies „Score". Karin würde es schwerfallen, vor Löschung der fraglichen Einträge ein Darlehen oder einen Mobilfunkvertrag zu erhalten. Wer sich mutwillig der Zahlung von Unterhalt entzieht, riskiert überdies eine Strafanzeige: Die Verletzung der gesetzlichen Unterhaltspflicht wird mit Geldstrafe oder Freiheitsstrafe bis zu drei Jahren geahndet (§ 170 Abs. 1 StGB). In der Praxis würde Karin für ein paar Hundert Euro Unterhalt im Monat wohl kaum derart weitreichende Folgen riskieren und vermutlich einlenken.

Zwangsvollstreckung durch das Sozialamt

Das Sozialamt darf es sich natürlich nicht zu leicht machen. Es muss zunächst versuchen, den Anspruch im Wege der Zwangsvollstreckung durchzusetzen. Dazu muss es beim Familiengericht einen Unterhaltsantrag stellen. Das Gericht wird dem Sozialamt sicherlich recht geben, wenn es argumentiert, dass Karin sich illoyal ihrer Unterhaltspflicht entzieht. Den Beschluss des Gerichts, einen sog. „Unterhaltstitel", kann das Amt vollstrecken, indem es Karins gesamtes verfügbares Einkommen und Vermögen verwertet. Bei fiktivem Einkommen wird dies allerdings schwierig. Hat sie auch kein Vermögen, könnte allenfalls noch in ihren eventuellen Taschengeldanspruch vollstreckt werden (siehe oben S. 110). Dieser wird aber sicherlich nicht ausreichen, um den Unterhalt der Eheleute Meier gänzlich zu decken. Außerdem gibt es Pfändungsfreigrenzen, spezielle vollstreckungsrechtliche Selbstbehalte, die dem Vollstreckungsschuldner in jedem Fall zum Leben verbleiben müssen. Heidrun muss also auch Karins Anteil am Unterhalt mittragen, wenn die Sozialbehörde nachweisen kann, dass die Vollstreckungsversuche erfolglos waren.

Ausnahmsweise kann das Amt auch auf das Unterhaltsverfahren und Vollstreckungsversuche verzichten, wenn ihm der Nachweis gelingt, dass dies mangels vollstreckungsfähigem

Einkommen oder Vermögen von vornherein keinerlei Aussicht auf Erfolg hätte. Auch das wäre angesichts von Karins Finanzlage in unserem Beispiel denkbar.

Rückständigen Unterhalt muss Heidrun erst ab dem Zeitpunkt zahlen, zu dem sie zur Ersatzhaftung aufgefordert worden ist.

Der Anspruch gegen Karin ändert sich bei der Ersatzhaftung nicht. Auch wenn die Einkommens- und Vermögensverhältnisse des Ersatzhaftenden besser oder schlechter sind als die des eigentlichen Unterhaltschuldners – der Anspruch geht unverändert über. Zahlen muss der Ersatzhaftende nur dann, wenn und soweit er leistungsfähig ist.

Weigert sich Heidrun, Karins Anteil mitzubezahlen, kann der Elternteil oder der Sozialhilfeträger aber nicht einfach einen Vollstreckungstitel, der gegen Karin in der Welt ist, gegen Heidrun verwenden: Die Ersatzhaftung ist davon unabhängig. Das Sozialamt müsste Heidrun ggf. gesondert auf Ersatzhaftung verklagen.

Forderungsübergang

Der Sachbearbeiter des Sozialamts in unserem Fall hat darüber hinaus auch mit seinem beruhigenden Hinweis recht: Soweit Heidrun an Karins Stelle Unterhalt zahlt, erfolgt ein gesetzlicher Forderungsübergang. Heidrun kann dann versuchen, die im Rahmen der Ersatzhaftung verauslagten Beträge von Karin wiederzubeschaffen.

Karin muss laut Gerichtsbeschluss einen Unterhalt von 600 Euro monatlich zahlen. Heidrun ist nach Begleichung ihrer eigenen Unterhaltsverpflichtung nur noch in Höhe von 350 Euro leistungsfähig und zahlt diesen Betrag auch. Nur in dieser Höhe gehen die Unterhaltsansprüche der Eltern auf Heidrun über. Sie kann folglich auch nur in diesem Umfang gegen Karin vollstrecken und nicht etwa in Höhe von 600 Euro.

Heidrun wird sich angesichts der derzeitigen Verhältnisse von Karin aber sicherlich zweimal überlegen, ob sie gegen diese tätig wird, denn Gerichtsverfahren und Vollstreckungsversuche können erhebliche Kosten verursachen. Vgl. dazu S. 156.

MÜSSEN GESCHWISTER EINANDER AUSKUNFT ERTEILEN?

Dass Geschwister sich wünschen, Einblick in die Einkommens- und Vermögensverhältnisse der anderen Geschwister zu bekommen, ist nachvollziehbar. Schließlich wollen sie überprüfen können, ob die Berechnung der jeweiligen Unterhaltsquoten durch die Eltern korrekt ist. Tatsächlich gibt es aber keinen solchen direkten Auskunftsanspruch der Geschwister. Vielmehr haben die Eltern ihren Unterhaltsanspruch selbst nachvollziehbar zu begründen und zu belegen. Dazu gehört auch die umfassende Aufklärung über die Grundlagen der Quotenberechnung. Die Eltern müssen also von allen Geschwistern Auskunft verlangen und sodann wiederum allen umfassende Belege über ihren Lebensbedarf, ihre eigenen Einkommens- und Vermögensverhältnisse und auch über die Finanzverhältnisse der anderen Geschwister vorlegen.

Auskunftsanspruch bei Ersatzhaftung

Eine Ausnahme von diesem Grundsatz gibt es im Fall der Ersatzhaftung: Dann geht nach § 1607 Abs. 2 BGB nicht nur der Unterhalts- sondern auch der Auskunftsanspruch auf das haftende Geschwisterkind über. Heidrun könnte gegenüber Karin also in unserem obigen Beispiel nicht nur die Zahlung von Unterhalt, sondern auch die Erteilung einer Auskunft gerichtlich durchsetzen.

05 VERFAHRENSFRAGEN

Ist eine einvernehmliche Einigung mit den Eltern oder dem Sozialhilfeträger nicht möglich, muss notfalls der Rechtsweg beschritten werden. Ob die Auseinandersetzung im Verwaltungsverfahren, vor den Verwaltungs-, Sozial- oder vor den Familiengerichten geführt wird, hängt davon ab, in welchem Stadium des Sozialhilferegresses man sich aktuell befindet.

In diesem Kapitel wollen wir Ihnen den Ablauf des verwaltungsrechtlichen und des familiengerichtlichen Verfahrens in groben Zügen erläutern. Außerdem beantworten wir zum Abschluss die Frage, ob ein Sozialhilferegress auch nach dem Tod des Berechtigten noch möglich ist.

BEGINN DES SOZIALHILFEREGRESSES

Um beurteilen zu können, unter welchen Umständen und gegen welche Maßnahmen der Verwaltung die Einlegung eines Rechtsbehelfs sinnvoll sein kann, müssen wir noch einmal auf die Bedeutung von Rechtswahrungsanzeige, Überleitungsbescheid und Auskunftsverlangen zurückkommen. In Grundzügen hatten wir sie Ihnen bereits auf S. 20 ff. vorgestellt.

RECHTSWAHRUNGSANZEIGE

Die Rechtswahrungsanzeige (oft auch „Überleitungsanzeige" genannt) ist ein Schreiben des Sozialhilfeträgers, mit dem dieser mitteilt, dass an eine bestimmte Person Sozialleistungen erbracht werden und dass der Adressat nach bürgerlichem Recht unterhaltsverpflichtet ist. Die Behörde weist in Rechtswahrungsanzeigen standardmäßig darauf hin, dass die Unterhaltsansprüche bis zur Höhe der geleisteten Sozialhilfe auf sie übergehen. Das bedeutet, dass das Sozialamt nur den Unterhalt geltend machen kann, den es benötigt, um die verauslagten Kosten zu decken. Sollte also beispielsweise ein Betreuer des bedürftigen Elternteils feststellen, dass Sie eigentlich einen höheren Unterhalt zahlen müssten, als das Sozialamt an Leistungen erbringt, könnte er diesen „Überschuss" gegen Sie noch geltend machen. In der Praxis kommt dies aber quasi nie vor.

Gegen Rechtswahrungsanzeige vorgehen?

Ab dem Monat, in dem Sie die Überleitungsanzeige erhalten haben, müssen Sie damit rechnen, zukünftig auf Unterhalt in Anspruch genommen zu werden. Ansprüche, die davor entstanden sind, können gegen Sie hingegen nicht mehr geltend gemacht werden. Es mag daher sinnvoll erscheinen, sich schon gegen die Überleitung eines Unterhaltsanspruchs zu wehren, um ihn der Behörde sofort aus der Hand zu schlagen und die Einstandspflicht noch etwas hinauszuzögern. Aber: Gegen die Überleitungsanzeige an sich können Sie nicht vorgehen. Das Amt gibt mit ihr nur bekannt, dass ein Unterhaltsanspruch übergegangen ist. Die eigentliche Überleitung erfolgt automatisch, weil das Gesetz es so vorsieht. Dass Ihnen kein förmlicher, kein „richtiger" Rechtsbehelf zur Verfügung steht, heißt indes nicht, dass Sie die Rechtswahrungsanzeige kommentarlos hinnehmen müssen. Sie können Ihre Einwendungen durchaus der erlassenden Behörde mitteilen. Auch wenn es in der Praxis selten geschieht: die Behörde muss eventuelle Fehler in ihren Bescheiden auch ohne förmlichen Antrag von Amts wegen korrigieren und rechtlich oder tatsächlich falsche Bescheide zurücknehmen.

Tipp

Sollten Sie die Frist nicht einhalten können, weil Sie beispielsweise zu spät von dem Schreiben Kenntnis erlangt haben oder das Zusammentragen der Belege länger dauert, sollten Sie rechtzeitig um Fristverlängerung bitten. Das ist üblicherweise kein Problem, weil das Sozialamt hieraus schließen kann, dass Sie grundsätzlich kooperieren möchten.

AUSKUNFTSVERLANGEN

Die Sozialhilfeträger verbinden mit der eigentlichen Rechtswahrungsanzeige in aller Regel gleich das Auskunftsverlangen nach § 117 SGB XII (siehe oben S. 91 f.). Das Sozialamt erläutert die Auskunftsverpflichtung, weist darauf hin, dass die Auskunftspflicht sich auch auf den Ehepartner erstreckt und setzt eine bestimmte Frist, binnen derer der beigefügte Fragebogen mitsamt Belegen an die Behörde zurückzureichen ist. Für den Fall des fruchtlosen Verstreichens der Frist werden Zwangsmaßnahmen angedroht.

Das Auskunftsverlangen ist ein förmlicher Verwaltungsakt. Gegen diesen kann man sich wehren und zwar mit einem speziellen verwaltungsrechtlichen Rechtsbehelf, dem Widerspruch.

ÜBERLEITUNGSBESCHEID

Von der Überleitungsanzeige ist der Überleitungsbescheid zu unterscheiden. Wie bereits gesehen, kann das Sozialamt nicht nur Unterhaltsansprüche durchsetzen, um für seine erbrachten Leistungen Rückgriff zu nehmen, es kann außerdem Darlehensforderungen, Nutzungsentschädigungen, Ansprüche aus Schenkungswiderruf etc. geltend machen. Diese Ansprüche gehören zu den gemäß § 93 SGB XII überleitbaren Ansprüchen. Anders als beim Unterhaltsanspruch erfolgt der Übergang hier nicht automatisch. Das Sozialamt muss vielmehr eine entsprechende Entscheidung treffen und dem Betroffenen mitteilen. Dies geschieht mittels Überleitungsbescheides, eines Verwaltungsakts, gegen den sich der Adressat mit einem Widerspruch wehren kann.

> Wenn Sie erstmalig „Post vom Amt" bekommen, ist damit keinesfalls gesagt, dass Sie wirklich etwas bezahlen müssen. Mit Überleitungsanzeige und -bescheid wird nur festgestellt, dass Sie grundsätzlich in Anspruch genommen werden können. Entsprechend wird im verwaltungsrechtlichen Verfahren nicht überprüft, ob Sie als Kind zum Unterhalt oder als Beschenkter zur Rückzahlung verpflichtet sind. Das ist Sache des Familiengerichts bzw. – im Fall der Ansprüche aus Schenkungen – des Zivilrichters. Verwaltung und Sozialgericht werden also nicht prüfen, ob ein übergeleiteter Anspruch tatsächlich besteht, sondern nur, ob die Grundsätze des Verwaltungsrechts eingehalten wurden.

WIDERSPRUCHS- UND SOZIALGERICHTLICHES VERFAHREN

Wird Ihnen ein Verwaltungsakt, eine rechtlich verbindliche Entscheidung einer Behörde, zugestellt, können Sie gegen ihn Widerspruch einlegen. Es handelt sich um einen speziellen Rechtsbehelf im Verwaltungs- und Sozialrecht. Mit ihm leiten

Sie das Widerspruchsverfahren ein, ein innerbehördliches Verfahren, in dessen Verlauf die Verwaltung selbst ihren eigenen Bescheid überprüft. Die für das Verfahren zuständige Behörde ermittelt, ob der Bescheid rechtmäßig ergangen ist. Ihr Ergebnis teilt sie mittels Widerspruchsbescheids mit. Hierbei handelt es sich, wie bereits aus der Bezeichnung ersichtlich, um einen weiteren Verwaltungsakt. Erst wenn Ihrer Auffassung nach auch dieser Bescheid fehlerhaft ist, steht Ihnen der Weg zum Sozialgericht offen.

Im Elternunterhaltsrecht hat das verwaltungsrechtliche Verfahren nur untergeordnete Bedeutung. Denn die Überleitungsanzeige, mit der die allermeisten Rückgriffsverfahren eingeleitet werden, ist wie oben gesehen (siehe S. 143 f.) kein Verwaltungsakt und damit nicht mit Widerspruch oder Anfechtungsklage angreifbar. Anders verhält es sich bei Überleitungsbescheiden oder dem Auskunftsverwaltungsakt.

DER WIDERSPRUCH

Widerspruchsgründe

Offensichtliche Fehler

Der Widerspruch gegen den Auskunfts-Verwaltungsakt ist immer dann sinnvoll, wenn der Unterhaltsanspruch aus bestimmen Gründen gänzlich ausgeschlossen ist.

Einführungsfall

Heidrun und Karin erhalten ein Schreiben, in dem sie informiert werden, dass sie für ihren Vater, Herrn Meyer, unterhaltspflichtig sind. Herr Meyer ist der Nachbar ihres Vaters, Herrn Meier. Hier liegt offenkundig eine Namensverwechselung vor, die im Wege des Widerspruchs gerügt werden kann.

Ein Widerspruch gegen einen offensichtlich unbegründeten Überleitungsbescheid kann ebenfalls sinnvoll sein:

Einführungsfall

Ein missgünstiger Nachbar, der namentlich nicht genannt werden will, berichtet dem Sozialamt, Herr Meier habe Heidrun kürzlich erst 25.000 Euro geschenkt und diese habe daraufhin ihrem grässlichen Haus einen noch viel schlimmeren Anstrich verpassen lassen. Das Sozialamt zeigt Heidrun die Überleitung des Schenkungsrückforderungsanspruchs an. Heidrun kann aber beweisen, dass sie den fraglichen Betrag darlehensweise von ihrem Vater erhalten und ihn schon wieder zurückgezahlt hat. Die ästhetischen Einwände gegen den Neuanstrich kann sie überdies nicht nachvollziehen.

Vorsicht! Der „offensichtliche" Fehler liegt hier darin, dass Herr Meier keinen Anspruch aus Schenkungsrückforderung, sondern allenfalls aus einem Darlehensvertrag hat. Ob das Darlehen bereits zurückgezahlt wurde, spielt im Widerspruchsverfahren und vor dem Sozialgericht keine Rolle. Dies müsste vor dem Zivilgericht geklärt werden.

Kosten und Taktik

Ein Widerspruch ist im Gegensatz zu einem Verfahren vor dem Familiengericht recht kostengünstig. Will man „Front" gegen das Sozialamt machen und versuchen, den Anspruch gleich abzuwehren, kann man es durchaus auch einmal „darauf ankommen" lassen. Man sollte es aber nicht übertreiben: Wehren Sie sich aus nicht nachvollziehbaren Gründen gegen Auskunftsverlangen oder Überleitungsbescheid, haben Sie sehr schnell das Etikett eines Querulanten weg. Das kann zukünftige Verhandlungen erschweren.

Die Formalien des Widerspruchs

Wie und wo ein Widerspruch eingelegt werden kann, ergibt sich aus einer Rechtsbehelfsbelehrung, die jedem Verwaltungsakt beigefügt werden soll.

Adressat des Widerspruchs

Zuständig für den Widerspruch ist in aller Regel die Behörde, die den Bescheid erlassen hat. Sie können den Widerspruch in jedem Fall bei der Ausgangsbehörde oder bei Ihrer Gemeinde- oder Stadtverwaltung einlegen. Lassen Sie sich den Eingang des Widerspruchs mit einem Stempel auf einer Kopie bestätigen oder nehmen Sie, wenn Sie das Widerspruchsschreiben in den Briefkasten der Behörde einwerfen, einen Zeugen mit. Stecken Sie Ihr Widerspruchsschreiben in seinem Beisein in den Umschlag, damit er auch bestätigen kann, dass Sie wirklich das Widerspruchsschreiben abgegeben haben.

Frist beachten!

Das ist so wichtig, weil der Widerspruch nur innerhalb einer bestimmten Frist erfolgen kann. Legen Sie ihn zu spät ein, verlieren Sie den Rechtsbehelf. Die Widerspruchsfrist beträgt einen Monat ab Zugang des Verwaltungsakts. Das ist der Zeitpunkt, in dem Sie vom Bescheid Kenntnis nehmen konnten: Selbst wenn Sie Ihren Briefkasten tage- oder wochenlang nicht geleert und das Schreiben erst spät bemerkt haben – zugegangen ist es in dem Moment, in dem es in Ihren Briefkasten eingeworfen wurde. Ist dieser Zeitpunkt nicht mehr nachvollziehbar, gilt der Bescheid grundsätzlich am dritten Tag nach der Aufgabe zur Post als zugestellt. Hat die Behörde dem Verwaltungsakt keine Rechtsbehelfsbelehrung beigefügt, gilt die Monatsfrist nicht; dann muss der Widerspruch spätestens innerhalb eines Jahres nach Kenntnisnahme vom Bescheid eingelegt werden.

Form

Der Widerspruch muss schriftlich oder zur Niederschrift der Behörde erfolgen.

Musterschreiben Widerspruch

An .... [Bezeichnung und Adresse aus dem Briefkopf des Bescheides übernehmen]

[Ort, Datum]

In Angelegenheit [Amtliche Bezeichnung des Verfahrens aus dem Betreff des Bescheides]

Aktenzeichen [Aktenzeichen des Bescheides übernehmen]

lege ich gegen den Bescheid vom ..., zugegangen am ...

W i d e r s p r u c h

ein und beantrage,

1. den vorgenannten Bescheid aufzuheben und

2. die außergerichtlichen Kosten des Verfahrens der Widerspruchsgegnerin aufzuerlegen.

[Eventuell:] Die Begründung des Widerspruchs bleibt einem gesonderten Schreiben vorbehalten.

[Unterschrift]

05

Widerspruch begründen?

Auch wenn der Widerspruch nicht zwingend mit einer Begründung versehen sein muss, sollten Sie sich die Mühe machen: Nur wenn der Widerspruch begründet ist, kann sich der Sozialhilfeträger nämlich ausführlich mit Ihren Argumenten auseinandersetzen. Dass keine Begründungspflicht besteht, können Sie sich aber zunutze machen: Um nicht unter Zeitdruck zu geraten, sollten Sie zunächst fristwahrend einen unbegründeten Widerspruch einlegen und reichen, wie in unserer Beispielformulierung vorgesehen, die Begründung nach sorgfältiger Prüfung nach.

Fristversäumnis und Überprüfungsantrag

Antrag auf Wiedereinsetzung in den vorigen Stand

Haben Sie die Widerspruchsfrist ohne eigenes Verschulden verpasst, können Sie „Wiedereinsetzung in den vorigen Stand" beantragen. Das bedeutet, dass Sie innerhalb einer Woche, nachdem Sie von dem Bescheid und der Fristversäumnis erfahren haben, beim Sozialamt schriftlich beantragen können, dass die Widerspruchsfrist wieder in Kraft gesetzt wird. Den Antrag müssen Sie begründen und die Gründe für die schuldlose Fristversäumnis ggf. durch eine eidesstattliche Versicherung glaubhaft machen. Kein Grund für eine Wiedereinsetzung ist ein längerer Urlaub. Sie müssen nach Auffassung der Rechtsprechung ggf. für eine Vertrauensperson sorgen, die Ihren Briefkasten regelmäßig leert. Anerkennenswert sind nur „Schicksalsschläge" wie Todesfälle in der Familie, eine schwere Krankheit, vulkanausbruchsbedingte Flugausfälle oder dass Ihr Haus samt Briefkasten abgebrannt ist.

Während in Zivilverfahren das Versäumen einer Rechtsbehelfsfrist fatal sein kann, ist dies im Verwaltungsverfahren weniger schlimm. Wissen oder befürchten Sie, dass Sie die Widerspruchsfrist versäumt haben, sollten Sie gleichzeitig mit dem Widerspruch oder dem Wiedereinsetzungsantrag einen Überprüfungsantrag stellen. Dieser sollte gleich begründet werden.

Formulierungsbeispiel Überprüfungsantrag

[... Eingang wie beim Widerspruch ...]

stelle ich mit Blick auf den Bescheid vom ..., zugegangen am ...

Ü b e r p r ü f u n g s a n t r a g.

Ich beantrage, den vorgenannten Bescheid aufzuheben.

Begründung:

...

[Unterschrift]

Ein bestandskräftiger, also mit förmlichen Rechtsbehelfen nicht mehr angreifbarer Verwaltungsakt kann vom Sozialamt immer noch nachträglich aufgehoben oder geändert werden, wenn sich später herausstellt, dass der Bescheid rechtsfehlerhaft war oder das Amt von falschen Tatsachen ausgegangen ist.

Das weitere Verfahren

Amt ändert Bescheid: Abhilfe

Der Sachbearbeiter prüft zunächst, ob dem Widerspruch „abgeholfen" werden kann. Das bedeutet, dass er seine Entscheidung mehr oder weniger eingehend überprüft. Sollte er den Einwänden des Widerspruchsführers ganz oder teilweise zustimmen, kann er schon jetzt einen neuen – korrigierten – Verwaltungsakt erlassen, einen sog. Abhilfebescheid. Auch gegen diesen ist ein Widerspruch möglich.

Um die Chancen auf eine Abhilfe zu nutzen, bietet es sich an, den Widerspruch zu begründen, also dem Widerspruch die wichtigsten Argumente samt Nachweisen beizufügen. Drängt die Zeit, weil die Widerspruchsfrist in Kürze abläuft, kann man die Begründung auch nach Einlegung des Widerspruchs nachreichen.

Den Widerspruch zu begründen ist besonders sinnvoll, wenn der Widerspruch nur ein „Versuchsballon" ist. Das Rechtsamt wird nämlich häufig eine erste Einschätzung zur Sach- und Rechtslage geben und eine Abhilfe anbieten oder aber die Rücknahme des Verwaltungsakts anregen. Wenn die Begründung des Rechtsamts einleuchtet, ist es sinnvoll, das Rechtsmittel fallen zu lassen. Bis zu diesem Zeitpunkt ist das Widerspruchsverfahren noch kostenlos.

Das Widerspruchsverfahren

Wird dem Widerspruch vom Sachbearbeiter nicht abgeholfen, führt das Rechtsamt das eigentliche Widerspruchsverfahren durch. Die Sach- und Rechtslage wird schriftlich mit Ihnen diskutiert, selten auch mündlich, bis die Behörde ihre Entscheidung trifft und einen Widerspruchsbescheid erlässt.

Tipp

Gerade weil das Unterhaltsrecht viele Unwägbarkeiten bietet, sollten Sie alle außergerichtlichen Verhandlungsmöglichkeiten nutzen. Dass diese gerade gegenüber dem Sozialamt gute Erfolgsaussichten bieten, sollte nach der Lektüre des Buches keine Überraschung mehr sein.

DAS SOZIALGERICHTLICHE VERFAHREN

Der Widerspruchsbescheid sollte sofort überprüft werden. Ist man mit der Entscheidung der Widerspruchsbehörde nicht einverstanden, kann man binnen eines Monats nach Zugang des Bescheids beim zuständigen Sozialgericht Anfechtungsklage erheben und beantragen, dass er aufgehoben wird. Bis wann genau die Klage einzulegen ist, bei welchem Gericht und welche Formalien zu beachten sind, ergibt sich aus der Rechtsbehelfsbelehrung, die sich am Ende des Bescheids befindet. Hierzu gelten unsere Ausführungen zum Widerspruch entsprechend.

Amtsermittlungsgrundsatz

Gegenüber zivil- oder familiengerichtlichen Verfahren läuft das Verwaltungsverfahren in vielerlei Hinsicht anders ab. Der für Sie wichtigste Unterschied ist, dass es sich um ein Verfahren handelt, in dem der Amtsermittlungsgrundsatz gilt. Insbesondere ein nicht anwaltlich vertretener Kläger muss dem Gericht nur die Klage begründen und die Tatsachen, die er vorträgt, glaubhaft machen. Die weitere Sachverhaltsermittlung übernimmt das Gericht. Ist die Argumentation des Klägers ergänzungsbedürftig oder seine Rechtsauffassung fehlerhaft, muss das Gericht ihn darauf hinweisen.

ZIVIL- UND FAMILIENGERICHTLICHES VERFAHREN

Ziel: Vollstreckungstitel

Kommt es zu keiner Einigung zwischen dem Unterhaltsberechtigten und dem Unterhaltspflichtigen, dem Schenker und dem Beschenkten etc., muss der Berechtigte den Rechtsweg beschreiten. Denn seinen Anspruch kann er nur dann durchsetzen, wenn er über einen Vollstreckungstitel verfügt. Erst mit diesem, etwa einem Unterhaltsbeschluss des Familiengerichts, einem Vollstreckungsbescheid oder einem Urteil des Zivilgerichts, kann er Zwangsvollstreckungsmaßnahmen einleiten, etwa dem uneinsichtigen Unterhaltsschuldner den Gerichtsvollzieher schicken oder dessen Konten pfänden.

Diesen Weg muss auch die Sozialbehörde wählen, denn anders als in verwaltungs- und sozialrechtlichen Angelegenheiten kann sie sich bei unterhalts- oder zivilrechtlichen Ansprüchen, die sie durchsetzen will, nicht einfach ihren Vollstreckungstitel durch Verwaltungsakt selbst schaffen. Sie muss den gleichen Weg gehen, den auch die pflegebedürftigen Eltern hätten nehmen müssen.

Ein Vollstreckungstitel nützt dem Unterhaltsberechtigten allerdings nur dann etwas, wenn es beim Unterhaltspflichtigen auch „etwas zu holen" gibt. Ist er nicht zahlungsfähig und zudem vermögenslos, hilft einem der Vollstreckungstitel nicht weiter. Es gelten lediglich etwas niedrigere Pfändungsfreigrenzen. Entsprechendes gilt, wenn der Schuldner insolvent ist.

DAS MAHNVERFAHREN

Die Sozialämter wählen aus Kostengründen häufig nicht sofort den Weg zum Zivil- oder Familiengericht, sondern beantragen zunächst einen Mahnbescheid. Legt der in Anspruch Genommene hiergegen keinen Widerspruch ein, wird ein Vollstreckungsbescheid erlassen: eine kostengünstige und recht schnelle Art, einen Titel zu erlangen. Ist allerdings schon absehbar, dass sich der Unterhaltspflichtige gegen den Mahnbescheid wehren wird, lohnt sich der Umweg über das Mahnverfahren nicht. Widerspricht der Schuldner nämlich, wird der Streit an das zuständige Zivil- oder Familiengericht abgegeben.

GERICHTLICHE ZUSTÄNDIGKEITEN

Für die Entscheidung über Ansprüche aus Schenkungsrückforderung und -widerruf sowie für Ansprüche aus Verträgen ist das allgemeine Zivilgericht zuständig: das Amtsgericht oder (bei Streitwerten über 5.000 Euro) das Landgericht. Geht es dagegen um die gerichtliche Durchsetzung von Unterhaltsansprüchen, ist das Familiengericht sachlich zuständig.

Örtlich zuständig ist jeweils das Gericht, in dessen Bezirk der Beklagte bzw. Antragsgegner seinen gewöhnlichen Aufenthalt hat. Das ist üblicherweise sein Wohnort.

WIE AUF „GERICHTSPOST" REAGIEREN?

Bei Mahnbescheid

Sowohl der Mahnbescheid als auch das Anschreiben des Gerichts, mit dem Ihnen die Klage zugestellt wird, enthalten wichtige Hinweise, die Sie unbedingt beachten sollten. Beachten Sie in jedem Fall zwei wichtige Fristen: Wollen Sie sich gegen einen Mahnbescheid wehren, müssen Sie binnen zwei Wochen gegen ihn Widerspruch einlegen. Das Verfahren wird dann an das zuständige Gericht abgegeben.

Bei Unterhaltsantrag oder Klage

Auf einen Unterhaltsantrag oder eine Klage hin müssen Sie innerhalb einer Frist von zwei Wochen nach Zugang Ihre Verteidigungsbereitschaft erklären. Sie geben damit zu erkennen, dass Sie sich gegen die Klage wehren wollen. Lassen Sie diese Frist verstreichen, wird das Gericht auf Antrag Ihres Gegners eine Versäumnisentscheidung treffen: Sie werden dann vollumfänglich verurteilt. Die Frist zur Verteidigungsanzeige ist nicht verlängerbar, die anschließende Frist zur Antrags- bzw. Klageerwiderung bei guter Begründung hingegen schon.

Gerichtsverfahren, insbesondere in Unterhaltsangelegenheiten, sind komplex. Führen Sie das Verfahren deshalb nicht ohne einen spezialisierten Anwalt.

Tipp

Macht das Sozialamt den Unterhaltsanspruch geltend, kann es taktisch klug sein, den Anspruch zunächst abzulehnen, um an Informationen zu gelangen, die das Amt bislang mit Verweis auf den sozialrechtlichen Datenschutz verweigert hat:

ANERKENNTNIS

Haben Sie einen Unterhaltsantrag erhalten und stellen Sie oder Ihr Anwalt fest, dass die Forderung berechtigt ist, können Sie den Antrag jederzeit anerkennen. Sie verlieren dann zwar den Rechtsstreit, sparen aber ein paar Euro an Kosten.

Wie bereits mehrfach erwähnt, haben die Kinder Anspruch darauf, dass ihre Eltern ihnen nicht nur ihren Bedarf offenlegen, sondern auch das eigene Einkommen und Vermögen.

Offenlegungspflicht und „sofortiges Anerkenntnis"

Dazu gehört auch, dass sie darüber informiert werden, ob und inwieweit vorrangige Unterhaltsansprüche geltend gemacht wurden. Sollten beide Elternteile bedürftig sein, müssen den Kindern die Verhältnisse beider Eltern dargelegt werden. Da die Eltern den verfügbaren Unterhalt je nach Bedürftigkeit unter sich aufteilen, ist eine komplette Unterhaltsberechnung ohne Kenntnis der Bedarfsquote nicht möglich.

05

Die Sozialhilfeträger verweigern in der Praxis bei außergerichtlichen Verhandlungen regelmäßig die Offenlegung der Einkommensverhältnisse unter Verweis auf den sozialrechtlichen Datenschutz. Das ist aus Sicht des öffentlichen Rechts zwar korrekt, unterhaltsrechtlich aber problematisch, denn ein Unterhaltsantrag ist so lange unschlüssig, das heißt schon aus formellen Gründen zum Scheitern verurteilt, solange die Grundlage der Unterhaltsberechnung nicht dargelegt wird. Erst auf richterlichen Hinweis erfolgt die Offenlegung der Daten. Erkennt der Unterhaltsschuldner in diesem Moment, dass die Berechnung des Sozialhilfeträgers korrekt war, kann er seine Unterhaltspflicht noch „sofortig anerkennen". Ein sofortiges Anerkenntnis bedeutet: Das Kind erkennt die Unterhaltsforderung an und verliert damit, wie beim „normalen" Anerkenntnis auch, das Unterhaltsverfahren. Die Kosten des Verfahrens werden aber dem Sozialhilfeträger auferlegt, denn hätte die Behörde ihre Berechnung schon außergerichtlich verständlich erläutert und belegt, wäre die Klage womöglich nicht erforderlich gewesen.

ABLAUF DES VERFAHRENS

Da es in Unterhalts- und damit zusammenhängenden Zivilverfahren in der Regel viel zu berechnen und zu diskutieren gibt, wird ein Großteil des Rechtsstreits schriftlich geführt. Dabei gilt: Jede Partei muss darlegen und beweisen, was für sie günstig ist. Wenn das Gericht den Eindruck hat, dass bestimmte Probleme unbeachtet geblieben sind, wird es ggf. Hinweise geben und den Beteiligten Auflagen erteilen. Schließlich wird es einen

Termin zur mündlichen Verhandlung bestimmen und die Parteien dazu persönlich laden. In der Verhandlung wird das Gericht zunächst versuchen, die Beteiligten zu einem Vergleich zu bewegen. In der Praxis bedeutet das zumeist, dass das Gericht den Parteien recht deutlich sagt, wo die Schwachstellen ihrer jeweiligen Argumentation liegen. Gegebenenfalls wird es sogar anregen, den Antrag zurückzunehmen oder ihn anzuerkennen.

ENTSCHEIDUNG DES GERICHTS UND KOSTEN

Ist eine gütliche Einigung nicht möglich, bestimmt das Gericht einen „Termin zur Verkündung einer Entscheidung". Zu diesem Zeitpunkt wird es sein Urteil oder seinen Beschluss absetzen, der den Parteien anschließend zugestellt wird.

Fordert ein Elternteil über seinen Anwalt bei Gericht Unterhalt von 300 Euro monatlich und rückständigen Unterhalt von 1.200 Euro ein, entstehen Gerichtskosten von 363 Euro und Anwaltskosten von 919,28 Euro pro Anwalt. Insgesamt belaufen sich die Kosten auf 2.201,56 Euro.

Wer im Verfahren unterliegt, hat die Kosten des Gerichts, die eigenen Anwaltskosten und die Kosten des gegnerischen Anwalts zu tragen. Gewinnen bzw. verlieren beide Parteien hingegen nur zum Teil, teilen sie auch die Kosten unter sich auf.

Da Sozialhilfeträger sich meist selbst vertreten und dadurch auf ihrer Seite keine Anwaltskosten entstehen, ist das Kostenrisiko hier etwas geringer. Ein Gerichtsverfahren zu verlieren, kann aber in jedem Fall ganz schön ins Geld gehen.

RECHTSMITTEL GEGEN DIE ENTSCHEIDUNG DES GERICHTS

Gegen ein Urteil des Amts- und Landgerichts oder einen Beschluss des Familiengerichts können Sie binnen eines Monats nach Zustellung Berufung bzw. Beschwerde einlegen. Vorsicht! Die Kosten für diese zweite Instanz liegen über denen der ersten Instanz. Wer in zweiter Instanz verliert, muss sämtliche Gerichts- und Anwaltskosten tragen, selbst wenn er zunächst obsiegt hatte.

ABÄNDERUNGS- UND VOLLSTRECKUNGS-GEGENANTRAG

Abänderung eines Unterhaltstitels

Nach dem Abschluss des Unterhaltsverfahrens können sich die Einkommens- und Vermögensverhältnisse der Unterhaltsparteien oder der Bedarf der Berechtigten verändern. Würde sich bei einer erneuten Unterhaltsberechnung ein Unterhaltsbetrag ergeben, der erheblich (mindestens 10%) von dem bisher geltenden Unterhaltsanspruch abweicht, kann der Unterhaltsbeschluss aufgehoben oder nach oben oder unten abgeändert werden. Wer ein Interesse an der Abänderung hat, kann beim zuständigen Familiengericht einen entsprechenden Antrag stellen. Die Abänderung von gerichtlichen oder notariellen Unterhaltsvergleichen ist auch dann möglich, wenn sich der Unterhaltsanspruch nur geringfügig verändert.

Das Abänderungsverfahren ist notwendig, weil ein Unterhaltstitel so lange als richtig gilt, bis er durch eine Vereinbarung der Parteien oder durch eine neue Gerichtsentscheidung reduziert bzw. außer Kraft gesetzt wird.

Als unterhaltsberechtigtes Kind dürfen Sie den Unterhalt also nicht einfach reduzieren, selbst wenn dies rechnerisch richtig wäre. Denn die Behörde oder Ihre Eltern können aus dem alten Titel nach wie vor in alter Höhe vollstrecken – und das aus vollem Recht! In diesem Fall müssten Sie sich vor dem Familiengericht mit einem sog. Vollstreckungsgegenantrag wehren. Selbst wenn Ihnen in diesem Verfahren recht gegeben werden sollte, kann es sein, dass der zu viel vollstreckte und für den Lebensbedarf verbrauchte Unterhalt von Ihnen nicht mehr zurückgefordert werden kann.

Vollstreckungsgegenantrag

ENDE DES RÜCKGRIFFS BEI TOD DES BERECHTIGTEN?

Der Sozialhilferegress ist nicht automatisch beendet, wenn der Bedürftige stirbt. Das Sozialamt kann auch danach noch erb-, familien- und sozialrechtliche Ansprüche geltend machen, die wir Ihnen in diesem Kapitel vorstellen wollen.

ANSPRÜCHE DES SOZIALAMTS

Rückständige Unterhaltsforderungen

Stirbt der Unterhaltsberechtigte, können keine neuen Unterhaltsansprüche entstehen. Das Sozialamt kann aber natürlich immer noch die Unterhaltsansprüche durchsetzen, die vor dem Tod entstanden sind, die der Verpflichtete aber bislang noch nicht bezahlt hatte. Was geschieht aber mit den Kosten, die das Sozialamt verauslagt hat und deren Erstattung weder vom Ehegatten noch den Kindern noch von einem anderen Zahlungspflichtigen verlangt werden konnten?

Darlehensforderungen

Hat das Sozialamt seine Leistungen ganz oder teilweise darlehensweise erbracht (vgl. oben S. 21), ist die Antwort einfach: Darlehensforderungen des Sozialamts fallen wie alle anderen Schulden des Erblassers und wie dessen Vermögen in den Nachlass. Für die Nachlassverbindlichkeiten haften die Erben. Diese treten die „Rechtsnachfolge" des Erblassers an, übernehmen also dessen Rechte und Pflichten, Vermögen und Schulden, als hätten sie selbst sie erwirtschaftet oder verursacht. Wollen die Erben sich nicht um einen überschuldeten Nachlass kümmern müssen, können sie binnen sechs Wochen, nachdem sie vom Tod des Erblassers erfahren haben, beim Nachlassgericht das Erbe ausschlagen. Es gibt zwar Möglichkeiten, auch ohne eine solche Ausschlagung seine Haftung zu verhindern, die Ausschlagung ist aber bei Weitem der sicherste und vor allem kostengünstigste Weg.

Haben sie nicht ausgeschlagen, müssen die Erben dem Sozialamt das Darlehen zurückzahlen. Falls sich der Sozialhilfeträger eine Sicherungshypothek an einer Immobilie des Erblassers vorbehalten hat, kann er diese verwerten. Im Extremfall kommt es zur Zwangsversteigerung.

KOSTENERSATZ DURCH DEN ERBEN

Gemäß § 102 SGB XII ist der Erbe der leistungsberechtigten Person zum Ersatz der Kosten der Sozialhilfe verpflichtet. „Kosten der Sozialhilfe" sind sämtliche Leistungen nach dem SGB XII, die der Sozialhilfeträger jemals für den Berechtigten erbracht hat und die von keinem Unterhalts- oder aus sonstigen Gründen Zahlungspflichtigen erstattet wurden.

Die Kosten der Sozialhilfe können bei mehrjähriger Pflege auf beachtliche Höhe anwachsen. Die Ersatzpflicht des Erben gehört zu den Nachlassverbindlichkeiten. Der Erbe haftet aber nur mit dem Wert des im Zeitpunkt des Erbfalls vorhandenen Nachlasses. War kein verwertbarer Nachlass mehr vorhanden, muss der Erbe also nicht befürchten, auf Kostenersatz in Anspruch genommen zu werden. „Nachlass" im Sinne des § 102 SGB XII ist der Reinnachlass nach Abzug aller Nachlassverbindlichkeiten, insbesondere der Beerdigungskosten.

Die Ersatzpflicht ist in § 102 SGB XII sogar noch weiter eingeschränkt: So besteht sie nur für die Kosten der Sozialhilfe, die innerhalb eines Zeitraums von zehn Jahren vor dem Erbfall aufgewendet worden sind. Es darf sich nicht um Bagatellkosten handeln: Sie müssen das Dreifache des Grundbetrages nach § 82 Abs. 1 SGB XII – derzeit noch 2.154 Euro – übersteigen.

Freibetrag des Erben

Dem Erben soll vom Nachlass ein gewisser Minimalbetrag verbleiben: derzeit ebenfalls 2.154 Euro. Dieses Minimum beträgt sogar 15.340 Euro, wenn der Erbe der Ehegatte oder Lebenspartner der leistungsberechtigten Person oder mit dieser verwandt ist und nicht nur vorübergehend bis zum Tod der leistungsberechtigten Person mit dieser in häuslicher Gemeinschaft gelebt und sie gepflegt hat.

Ein Kind zieht zeitweilig bei seinen Eltern ein, um sich um die pflegebedürftige Mutter kümmern zu können.

Um in den Genuss des Freibetrags von 15.340 Euro zu kommen, muss der Erbe wirkliche häusliche Pflegeleistungen erbracht haben wie etwa Hilfestellungen beim Waschen, Duschen, Baden, bei der Zahnpflege, bei Toilettengängen, der mundgerechten Zubereitung des Essens und der Aufnahme der Nahrung, beim Aufstehen und Zu-Bett-Gehen etc. Es genügt nicht, wenn der Erbe nur sehr sporadische Hilfe in geringem Umfang geleistet hat.

Der Erbe muss die Kosten auch dann nicht tragen, wenn dies für ihn eine besondere Härte bedeuten würde (§ 102 Abs. 3 Nr. 3 SGB XII). Der Kostenersatzanspruch verjährt binnen drei Jahren nach dem Tod der leistungsberechtigten Person.

Ersatzanspruch in der Praxis

Aufgrund der Vielzahl von Einschränkungen des Anspruchs und der zahlreichen Recherchen, die das Sozialamt anstellen müsste, um ihn gegenüber den Erben durchzusetzen, wird er in der Praxis nur selten geltend gemacht. Regelmäßig wird § 102 SGB XII aber dann angewandt, wenn sich im Nachlass eine Immobilie, etwa ein Hausgrundstück befindet.

ANHANG

06

Gesetze, Leitlinien und Urteile, die Sie zur Ergänzung der Lektüre und zur Anwendung des Gelesenen auf Ihren persönlichen Fall benötigen, finden Sie heute zum größten Teil kostenlos im Internet. Wir geben Ihnen im Folgenden Hinweise, wo Sie diese Quellen finden können und stellen Ihnen die nach wie vor aktuelle Düsseldorfer Tabelle vom 01.01.2013 zur Verfügung.

GESETZE UND URTEILE

Bundesgesetze in ihrer aktuellen Fassung können Sie kostenlos im Internet unter www.gesetze-im-internet.de einsehen und herunterladen. Wichtige höchstrichterliche Entscheidungen sind auf den Internetpräsenzen der jeweiligen Gerichte verfügbar: www.bundesverfassungsgericht.de (seit 01.01.1998), www.bundesgerichtshof.de (seit 01.01.2000), www.bundesverwaltungsgericht.de (seit 01.01.2002)

DÜSSELDORFER TABELLE

Damit Sie unsere Rechenbeispiele zum Kindesunterhalt ohne Internetrecherche nachvollziehen können, stellen wir Ihnen hier die Düsseldorfer Tabelle (Stand: 01.01.2013, ohne Anmerkungen) zur Verfügung.

KINDESUNTERHALT

	Nettoeinkommen des Barunterhaltspflichtigen in Euro (Anm. 3, 4)	**Altersstufen in Jahren (§ 1612 a Abs. 1 BGB)**				**%**	**Bedarfskontrollbetrag (Anm. 6)**
		0–5	**6–11**	**12–17**	**ab 18**		
1	bis 1.500	317	364	426	488	100	800/1.00
2	1.501–1.900	333	383	448	513	105	1.100
3	1.901–2.300	349	401	469	537	110	1.200
4	2.301–2.700	365	419	490	562	115	1.300
5	2.701–3.100	381	437	512	586	120	1.400
6	3.101–3.500	406	466	546	625	128	1.500
7	3.501–3.900	432	496	580	664	136	1.600
8	3.901–4.300	457	525	614	703	144	1.700
9	4.301–4.700	482	554	648	742	152	1.800
10	4.701–5.100	508	583	682	781	160	1.900
über 5.100 Euro nach den Umständen des Einzelfalles							

DIE UNTERHALTSLEITLINIEN DER OBERLANDESGERICHTE

Die Oberlandesgerichte stellen ihre Unterhaltsleitlinien jeweils zum kostenlosen Download im Internet zur Verfügung. Die genauen Fundstellen können Sie der nachfolgenden Liste entnehmen.

Ergänzend noch folgende Hinweise:

Wie bereits erwähnt, folgen die Leitlinien einer einheitlichen Struktur und weisen identische Gliederungspunkte auf, sodass Sie Regelungen gut miteinander vergleichen können. Da es neben zahlreichen Übereinstimmungen auch Unterschiede gibt, sollten Sie sich für Ihren Unterhaltsfall die Unterhaltsleitlinie des Oberlandesgerichts besorgen, in dessen Bezirk Sie Ihren gewöhnlichen Aufenthalt haben.

Zuweilen geht aus den Leitlinien nicht eindeutig hervor, ob sich einzelne Regelungen auf alle oder nur auf bestimmte Unterhaltsverhältnisse beziehen. Für juristische Laien sind die Regelwerke daher immer mit Vorsicht zu genießen.

Die Oberlandesgerichte **Bamberg, Karlsruhe, München, Nürnberg, Stuttgart** und **Zweibrücken** haben sich auf die Süddeutschen Leitlinien (SüdL) verständigt, an denen sich viele andere OLGs orientieren.
(z. B. www.olg-karlsruhe.de; Rubrik „Entscheidungen")

Kammergericht Berlin: Unterhaltsrechtliche Leitlinien der Familiensenate des Kammergerichts
(www.kammergericht.de; Rubrik „Service für Sie")

OLG Brandenburg: Unterhaltsleitlinien des Brandenburgischen Oberlandesgerichts
(www.olg.brandenburg.de; Rubrik „Unterhaltsleitlinien")

OLG Braunschweig: Unterhaltsrechtliche Leitlinien der Familiensenate des Oberlandesgerichts Braunschweig (www.oberlandesgericht-braunschweig.niedersachsen.de; Menü „Rechtsprechung", Unterpunkt „Unterhaltssachen")

OLG Bremen: Unterhaltsleitlinien des Hanseatischen Oberlandesgerichts in Bremen
(www.oberlandesgericht.bremen.de; Rubrik „Informationen")

OLG Celle: Unterhaltsrechtliche Leitlinien der Familiensenate des Oberlandesgerichts Celle
(www.oberlandesgericht-celle.niedersachsen.de; Rubrik „Rechtsprechung")

OLG Dresden: Unterhaltsleitlinien des Oberlandesgerichts Dresden
(www.justiz.sachsen.de/olg/)

OLG Düsseldorf: Leitlinien zum Unterhalt
(www.olg-duesseldorf.nrw.de; Rubrik: „Düsseldorfer Tabelle" (!); ergänzend zur Tabelle des jeweiligen Jahres – bis dato noch nicht für 2011 – finden sich auch die Leitlinien des OLG Düsseldorf)

OLG Frankfurt: Unterhaltsgrundsätze des OLG Frankfurt
(www.olg-frankfurt.justiz.hessen.de)

OLG Hamburg: Unterhaltsrechtliche Leitlinien des Hanseatischen Oberlandesgerichts Hamburg
(http://justiz.hamburg.de/oberlandesgericht; Rubrik „Service")

OLG Hamm: Leitlinien des Oberlandesgerichts Hamm zum Unterhaltsrecht
(www.olg-hamm.de) Rubrik: Rechts-Infos

OLG Koblenz: Unterhaltsrechtliche Leitlinien der Familiensenate des Oberlandesgerichts Koblenz (KoL) (www.olgko.justiz.rlp.de)

OLG Köln: Unterhaltsleitlinien des OLG Köln (www.olg-koeln.nrw.de; Rubrik „Service")

OLG Naumburg: Unterhaltsrechtliche Leitlinien (www.justiz.sachsen-anhalt.de/olg)

OLG Oldenburg: Unterhaltsrechtliche Leitlinien der Familiensenate des Oberlandesgerichts Oldenburg (www.oberlandesgericht-oldenburg.niedersachsen.de; Rubrik „Rechtsprechung")

OLG Rostock: Unterhaltsrechtliche Leitlinien der Familiensenate des Oberlandesgerichts Rostock (www.mv-justiz.de/pages/ordent_gerichte/olg_hro.htm)

OLG Saarbrücken: Unterhaltsrechtliche Leitlinien der Senate für Familiensachen beim Saarländischen Oberlandesgericht (www.solg.saarland.de; derzeit unter Rubrik „Das OLG", (hier werden aber nur ein paar Ergänzungen zur Düsseldorfer Tabelle bereitgestellt)

OLG Schleswig-Holstein: Unterhaltsrechtliche Leitlinien des Schleswig-Holsteinischen Oberlandesgerichts (www.schleswig-holstein.de/OLG)

OLG Thüringen: Unterhaltsrechtliche Leitlinien der Familiensenate des Thüringer Oberlandesgerichts (www.thueringen.de/de/olg/; Rubrik „Infothek")

ADRESSEN DER VERBRAUCHERZENTRALEN

Verbraucherzentrale Baden-Württemberg e. V.
Paulinenstraße 47, 70178 Stuttgart
Telefon: 0 18 05/50 59 99 (0,14 €/min.,
Mobilfunkpreis maximal 0,42 €/min.)
Fax: 07 11/66 91-50
www.vz-bawue.de

Verbraucherzentrale Bayern e. V.
Mozartstraße 9, 80336 München
Telefon: 0 89/5 39 87-0
Fax: 0 89/53 75 53
www.verbraucherzentrale-bayern.de

Verbraucherzentrale Berlin e. V.
Hardenbergplatz 2, 10623 Berlin
Telefon: 0 30/2 14 85-0
Fax: 0 30/2 11 72 01
www.vz-berlin.de

Verbraucherzentrale Brandenburg e. V.
Templiner Straße 21, 14473 Potsdam
Telefon: 03 31/2 98 71-0
Fax: 03 31/2 98 71-77
www.vzb.de

Verbraucherzentrale Bremen e. V.
Altenweg 4, 28195 Bremen
Telefon: 04 21/1 60 77-7
Fax: 04 21/1 60 77 80
www.verbraucherzentrale-bremen.de

Verbraucherzentrale Hamburg e. V.
Kirchenallee 22,20099 Hamburg
Telefon: 0 40/2 48 32-0
Fax: 0 40/2 48 32-290
www.vzhh.de

Verbraucherzentrale Hessen e. V.
Große Friedberger Straße 13–17, 60313 Frankfurt/Main
Telefon: 0 18 05/97 20 10 (0,14 €/min.,
Mobilfunkpreis maximal 0,42 €/min.)
Fax: 0 69/97 20 10-40
www.verbraucher.de

Verbraucherzentrale Mecklenburg-Vorpommern e. V.
Strandstraße 98, 18055 Rostock
Telefon: 03 81/2 08 70 50
Fax: 03 81/2 08 70 30
www.nvzmv.de

Verbraucherzentrale Niedersachsen e. V.
Herrenstraße 14, 30159 Hannover
Telefon: 05 11/ 9 11 96-0
Fax: 05 11/9 11 96-10
www.verbraucherzentrale-niedersachsen.de

Verbraucherzentrale Nordrhein-Westfalen e. V.
Mintropstraße 27, 40215 Düsseldorf
Telefon: 02 11/38 09-0
Fax: 02 11/38 09-216
www.vz-nrw.de

Verbraucherzentrale Rheinland-Pfalz e. V.
Seppel-Glückert-Passage 10, 55116 Mainz
Telefon: 0 61 31/28 48-0
Fax: 0 61 31/28 48-66
www.verbraucherzentrale-rlp.de

Verbraucherzentrale des Saarlandes e. V.
Trierer Straße 22, 66111 Saarbrücken
Telefon: 06 81/5 00 89-0
Fax: 06 81/5 00 89-22
www.vz-saar.de

Verbraucherzentrale Sachsen e. V.
Katharinenstraße 17, 04109 Leipzig
Telefon: 03 41/69 62 90
Fax: 03 41/6 89 28 26
www.verbraucherzentrale-sachsen.de

Verbraucherzentrale Sachsen-Anhalt e. V.
Steinbockgasse 1, 06108 Halle
Telefon: 03 45/2 98 03-29
Fax: 03 45/2 98 03-26
www.vzsa.de

Verbraucherzentrale Schleswig-Holstein e. V.
Andreas-Gayk-Straße 15, 24103 Kiel
Telefon: 04 31/5 90 99-0
Fax: 04 31/5 90 99-77
www.verbraucherzentrale-sh.de

Verbraucherzentrale Thüringen e. V.
Eugen-Richter-Straße 45, 99085 Erfurt
Telefon: 03 61/5 55 14-0
Fax: 03 61/5 55 14-40
www.vzth.de

Verbraucherzentrale Bundesverband e. V.
Markgrafenstraße 66
10969 Berlin
Telefon: 0 30/2 58 00-0
Fax: 0 30/2 58 00-518
www.vzbv.de

STICHWORTVERZEICHNIS

V

W

Z

IMPRESSUM

Herausgeber

Verbraucherzentrale Nordrhein-Westfalen e.V.
Mintropstraße 27, 40215 Düsseldorf
Telefon: 02 11/38 09-5 55
Telefax: 02 11/38 09-2 35
Internet: www.vz-nrw.de
E-Mail: ratgeber@vz-nrw.de

Autor:	Rechtsanwalt Martin Wahlers, Bickenbach
Herausgeber:	Dr. Frank Bräutigam
Koordination:	Frank Wolsiffer
Lektorat:	Nicola Pridik
Produktion:	bretzinger : media.production, Baden-Baden
Satz:	typografie & layout, Evelyn Haller, Gaggenau
Gestaltungskonzept:	Ute Lübbeke, Köln, www.LNT-design.de
Umschlaggestaltung:	Ute Lübbeke, Köln, www. LNT-design.de
Umschlagfoto:	plainpicture/PhotoAlto
Druck/Bindung:	Kraft Druck GmbH, Ettlingen Gedruckt auf 100 Prozent Recyclingpapier

Redaktionsschluss: November 2013

Pflegeversicherung

Meine Ansprüche auf alle Leistungen

Pflege kostet viel Geld, sie kann sogar die Ersparnisse der Angehörigen „auffressen“. Dieser Ratgeber bietet einen systematischen Überblick über alle Leistungen der Pflegekassen und erläutert die Voraussetzungen, um sie zu erhalten. Hier erfahren Sie alles über den Begriff der „Pflegebedürftigkeit“ und Pflegestufen.

1. Auflage 2012
168 Seiten
Bestell-Nr. TR 66
€ 11, 90

Erhältlich bei den Verbraucherzentralen und im Buchhandel

www.vz-ratgeber.de